D1670172

Die Chronik von Andechs und der frühe Buchdruck

EDITION ANDECHS

Freundekreis Kloster Andechs e. V.

Herausgegeben von Rupert Graf Strachwitz und Toni Aigner

Toni Aigner

Die Chronik von Andechs und der frühe Buchdruck

Die Bedeutung der Andechser Chronik für die Historiographie des Hl. Berges und des frühen Buchdrucks

P. KIRCHHEIM VERLAG

Für die Unterstützung bei den Arbeiten zu diesem Buch bedanke ich mich bei meiner Frau Gisela, Frau Professor Eva Schlotheuber, Herrn Professor Alois Schütz und meinem Freund Rupert Graf Stachwitz.

Edition Andechs Band 1

© P. Kirchheim Verlag, München 2008

Alle Rechte vorbehalten

Gesamtgestaltung und Satz: Johannes Steil – www.brotschrift.de

Druck und Bindung: Interpress, Budapest

Printed in Hungary

ISBN 978-3-87410-120-2

www.kirchheimverlag.de

P. Kirchheim Verlag, Postfach 14 04 32, 80454 München

INHALTSVERZEICHNIS

1   EINLEITUNG

Im Rahmen der Säkularisation im Jahre 1803 brachte das Kurfürstentum Bayern alle wertvollen Handschriften und Frühdrucke, die sich z. T. seit Jahrhunderten im Besitz des Klosters Andechs befanden, an sich. Darunter befand sich beispielsweise die Gutenbergbibel[1], die heute zu den bewunderten Schätzen der Bayerischen Staatsbibliothek zählt.

Ein kleiner, heute in einem marmorierten Pappeinband gebundener, undatierter Frühdruck wurde übersehen und blieb in Andechs zurück. In dem Werk wird von einem alten Adelsgeschlecht, den Herren von Andechs, von Heiligen, Kaisern und Königinnen, mit denen sie verwandt waren, von kostbaren Reliquien, die sie von Pilgerreisen mitgebracht hatten, der Zerstörung ihrer Burg, sowie vom Vergraben und Wiederauffinden des Reliquienschatzes berichtet. Anschließend wird geschildert, wie Herzog Albrecht III. das Benediktinerkloster gründete und die Mönche aus dem Kloster Tegernsee auf den Heiligen Berg kamen. Das kleine Werk, das weder Titel, noch Impressum aufweist, enthält also eine Heiltumsgeschichte, die in eine Chronik des Benediktinerklosters eingebunden ist. Das Büchlein von 30 Seiten, dem leider die letzte Seite fehlt, wurde seines unscheinbaren Aussehens wegen von der staatlichen Bücherkommission mißachtet oder übersehen. Es befindet sich heute im Archiv des Priorats Andechs, das zur 1850 gegründeten Abtei St. Bonifaz in München gehört[2].

1   BSB München, 2 °Inc. s. a.197-1
2   Archiv des Priorats Andechs der Abtei St. Bonifaz München, Signatur: Kl A Ms 28 (olim 10). Aller Wahrscheinlichkeit nach wurde die Inkunabel nach der Säkularisation vom Archiv der Pfarrei Erling über-

nommen. Da diese seit der Gründung des Priorats Andechs im Jahre 1850 wieder personell mit der Abtei St. Bonifaz-Andechs verbunden ist, gingen deren Bestände wieder in den Besitz des Andechser Klosterarchivs über. Für diesen Hinweis danke ich

Das Werk, das allem Anschein nach 1472 entstand, ist aus mehreren Gründen höchst bemerkenswert. Es stellt die erste gedruckte Klosterchronik der Welt dar. Bedenkt man, daß einerseits der frühe Buchdruck keineswegs literarisch innovativ war, sondern ausschließlich Klassiker und gefragte Gebrauchsliteratur gedruckt wurden, andrerseits die große Zeit der Klosterchroniken erst im 17. und 18. Jahrhundert anbrach, überrascht die Tatsache, dass ein noch nicht einmal 20 Jahre altes Kloster schon seine Chronik in Druck gab. Eine außerordentliche Rarität ist auch, dass das Manuskript, die Vorlage für den Druck, eine in das Jahr 1472 datierte Handschrift, ebenfalls erhalten blieb. Nach erfolgtem Druck wurde das Papier der Vorlage sonst meist für andere Zwecke verwendet.

Schon ein Jahr nach der Erstausgabe, genau auf März 1473 datiert, gab Johannes Bämler in Augsburg laut Impressum, auch das eine nicht selbstverständliche Neuerung, eine fast textgleiche, aber schon sehr viel anspruchsvoller gestaltete, Ausgabe dieser Chronik[3] heraus. Diese beiden Inkunabeln von 1472 und 1473 zeigen exemplarisch auf, wie die ersten Drucke, die in der Gestaltung anfangs noch gänzlich den Handschriften nachempfunden waren — ohne Titel und Impressum —, sich in den 70er Jahren des 15. Jahrhunderts schrittweise den Kriterien des modernen Buches näherten. Mehr noch: sie bieten auch einen anschaulichen Einblick in den frühen Augsburger Buchdruck, in die Vorgeschichte der Gründung des Reformklosters Andechs, in dessen Selbstverständnis und in das von der Klosterreform geprägte Umfeld. Bis zum Jahre 1515 erschienen noch drei Neuauflagen dieses Werkes mit jeweils rund 1000 Exemplaren.

Im folgenden soll versucht werden, sich der Bedeutung dieser Chronik dadurch zu nähern, dass die einzelnen Informationsgehalte einzeln untersucht und aufeinander bezogen werden. Dadurch soll auch der Zweck dieses Vorhabens, der nicht so sehr in der Sicherung historischer Informationen, sondern vor allem in der Manifestierung der beanspruchten

---

der Stiftsarchivarin Frau   **3**   GW 1640.
Dr. Klemenz.

Rechtsstellung lag, deutlich werden. Dass es in der Schilderung historischer Ereignisse zwischen den damaligen Chronisten und heutiger Historiographie zum Teil wesentliche Diskrepanzen geben muss, liegt auf der Hand. Diese erste moderne kommentierte Ausgabe der Andechser Chronik kann und soll nicht nur zur Gründungsgeschichte des Klosters, sondern auch zu der der Chronistik und des frühen Augsburger Buchdrucks einen Beitrag leisten.

2 VON DER GRAFENBURG
ZUM REFORMKLOSTER

Die Andechser Grafen

Die Grafschaft Andechs war ein Konglomerat aus vier alten Komitaten, von denen wir die Grafen und Burgen urkundlich kennen[4]. Das Geschlecht der Grafen von Dießen, das seit dem 11. Jahrhundert über diese Grafschaft verfügte, gehörte schon in ottonischer Zeit mit seinen Zweigen Wolfratshausen und Dießen-Andechs zu den führenden dynastischen Familien Bayerns. Der Kern ihrer Besitzungen lag im Bereich von Würm- und Ammersee, am mittleren Inn bei Wasserburg und bei Reichenhall. Dank enger Beziehungen zum salischen Hof erlebte die Wolfratshauser Linie, früher als ihre Dießener Vettern, bereits Anfang des 12. Jahrhunderts einen politischen und gesellschaftlichen Aufstieg. Die Tochter Adelheids von Wolfratshausen und des Grafen Berengar II. von Sulzbach, Gertrud (um 1113—1146), heiratete den späteren König Konrad III. (1138—1152), ihre Schwester Berta (gest. 1160), unter dem Namen Irene, Kaiser Manuel I. (1143—1180). Als die Wolfratshauser Linie 1157 ausstarb, gingen deren Besitzungen auf die Andechser Grafen über[5].

Diese hatten zu Beginn des 12. Jahrhunderts ihre Dießener Stammburg aufgegeben und waren auf den Andechser Burgberg gezogen, dessen Namen sie bis zu ihrem Aussterben führten. In Dießen hatten sie ein Augustiner-Chorherrenstift, ihre spätere Grablege, gegründet. Graf Bertold II. (gest. 1152),

---

4 SCHMIDT, Grafschaft, S. 7. Bei den Grafen handelte es sich um Arnold von Dießen, Meginhard von Gilching, Otto von Thanning und Sigimar von Hausen/Weilheim.

5 SCHÜTZ, Grafen, S. 231–234; OEFELE, Geschichte, der in seiner Regestensammlung 1877 fast alle Quellen aus der Grafenzeit aufgelistet hat. Diese stellt heute noch das einschlägige Standardwerk dar.

der durch Heirat bedeutende Allodien in der Markgrafschaft Krain erwarb, gelang der Ausgriff in den Südosten des Reiches, weit über die eigenen Stammlande hinaus. Er schuf die wirtschaftlichen Voraussetzungen für den Aufstieg seiner Familie in Diensten der staufischen Herrscher. Sein Sohn Bertold III. (1152—1188) stieg als Markgraf von Istrien in den Reichsfürstenstand auf. Bertold IV. (1188—1204) wurde von Kaiser Friedrich I. der Titel eines Herzogs von Meranien[6] verliehen. König Philipp von Schwaben gab dessen Sohn Herzog Otto VII. (1204—1234) die Hand seiner Nichte Beatrix von Burgund, der Erbin der Pfalzgrafschaft Burgund. Der Herzog, neben seinem Bruder Berthold V. der letzte bedeutende Andechs-Meranier, war, wie sein Bruder Ekbert (1203—1237) ein enger Mitarbeiter und Vertrauter König Heinrichs (VII.). Auf dem Höhepunkt ihrer Macht, Ende des 12. Jahrhunderts, beherrschten sie Städte und Burgen um Bamberg und die Plassenburg im Norden, Grafschaften an Donau und Inn im Osten, den wichtigen Brennerübergang, die Markgrafschaften Krain und Istrien mit dem Herzogtum Meranien im Süden und schließlich die Pfalzgrafschaft Burgund im Westen.

Ihre königsnahe Stellung an der Seite der Hohenstaufer erfuhr 1208 einen unerwarteten Bruch. Nach dem Bamberger Königsmord an Philipp von Schwaben (1198—1208), der in der Königs- und Bischofspfalz des Bamberger Bischofs Ekbert von Andechs (1203—1237) geschah, wurden der Bischof und sein Bruder, Markgraf Heinrich von Istrien (1194—1228), der Mittäterschaft bezichtigt und geächtet[7]. Ihre Lehen, darunter die Grafschaft Andechs, wurden eingezogen, die Burg zerstört.

6   AIGNER, Meranien, S. 39–54. Beim Herzogtum Meranien handelte es sich um ein Gebiet an der Küste der Kvarner Bucht in Istrien, südlich des heutigen Rijeka, wahrscheinlich zwischen den Flüssen Rečina im Norden und der Raša im Süden gelegen. Es bot den einzigen Zugang des Reiches in der östlichen Adria zum Meer, dessen Küsten von den Venezianern beherrscht waren.

7   Zum Königsmord vgl. u. a. HUCKER, Königsmord, S. 11–128 und SCHÜTZ, Heinrich, S. 127–131. HUCKER weist Bischof Ekbert und Markgraf Heinrich wegen Gefährdung ihrer machtpolitischen Interessen eine Mitschuld am Königsmord zu. SCHÜTZ nimmt das energische und glaubhafte Bemühen Ekberts und Heinrichs, die Umstände des Mordes in einem kanonischen Verfahren klären zu lassen, als Beweis,

In den 20er und 30er Jahren des 13. Jahrhunderts gelang es den Andechsern zwar, einen Teil der verlorenen Rechte wiederzugewinnen. Mit dem Ableben des kinderlosen Otto VIII. (1234—1248) starben jedoch die Andechs-Meranier 1248 im männlichen Stamm aus[8].

In Franken brach ein langwährender Erbstreit zwischen dem Bischof von Bamberg und den Ehemännern und Nachkommen der Schwestern des letzten Andechsers aus. Die fränkischen Lehen gingen an die Bischöfe von Bamberg, der Eigenbesitz an die Erben, die Burggrafen von Nürnberg, die Grafen von Orlamünde und die von Truhendingen, die Grafschaft Unterinntal fiel an Graf Albert von Tirol, den Schwiegervater Herzogs Ottos VIII. Die umfangreichen Allodien in Krain und Istrien gingen an die Herzöge von Kärnten und an das Patriarchat Aquileja, die Ländereien in Burgund an die Grafen von Chalon und über diese an König Philipp den Schönen von Frankreich. Die bayerischen Besitzungen fielen endgültig an die Wittelsbacher.

Das Haus Andechs-Meranien hatte überragende Persönlichkeiten hervor gebracht. Da sind vor allem die großen Frauen zu nennen, , die Hl. Hedwig (1176—1243)[9] und die selige Mechtild († 1160). Die Hl. Elisabeth (1207—1231)[10] gehört indirekt auch dazu. Ihre Mutter, die Königin Gertrud von Ungarn kam aus der Andechser Grafenfamilie. Der legendarische Stammvater des Geschlechts, der selige Graf Rasso, der in

dass sie sich keiner Schuld bewusst waren.
8   MÖTSCH, Erbe, S. 130–136; MARIOTTE, Comtè, S. 54 und 119; HUBENSTEINER, Geschichte. S. 102. Der letzte männliche Andechs-Meranier, Herzog Otto VII, hatte fünf Schwestern, die standesgemäß und den Interessen ihres Hauses entsprechend, verheiratet waren: Agnes (gest. 1262) nach der geschiedenen Ehe mit dem letzten Babenberger, Friedrich II., mit Herzog Ulrich von Kärnten; Beatrix (gest. 1271 oder 1282) mit Graf Hermann von Orlamünde; Margarete (gest. 1271) mit

Graf Friedrich IV. von Truhendingen; Adelheid (gest. 1279) mit Graf Hugo von Chalon und nach dessen Tod mit Graf Philipp von Savoyen; Elisabeth (gest. 1272) mit Friedrich, dem Burggrafen von Nürnberg aus dem Hause Hohenzollern.
9   GOTTSCHALK, Hedwig, sowie MACHILEK, Himmel, S. 94–102.
10   REBER, Elisabeth, S. 40–42, die sich auch mit der Bindung Elisabeths an das Haus Andechs-Meranien auseinander setzt.

der Andechser Überlieferung eine wichtige Rolle spielt, ist historisch kaum nachweisbar.

Bedeutende Kirchenmänner aus der Familie saßen auf dem Bamberger Bischofsstuhl, wie die Bischöfe Otto (1177—1196) und Ekbert. Letzterem wird der Bau des Bamberger Doms in seiner heutigen Gestalt zugeschrieben[11].

Fast zeitgleich mit dem Tod Kaiser Friedrichs II., am 13. Dezember 1250 auf der Burg Castelfiori in Apulien, starben die beiden letzten männlichen Andechs-Meranier: Herzog Otto VIII. am 19. Juni 1248 auf der Burg Niesten bei Bamberg und Patriarch Berthold von Aquileja am 23. Mai 1251 in Windischgrätz, einer Andechser Stadtgründung in der Markgrafschaft Krain. An der Seite der Staufer war das Haus Andechs aufgestiegen. Mit den Staufern verschwand es auch von der europäischen Bühne.

Bertold V. (1218—1251) war auch der letzte aus der Reihe der bedeutenden deutschen Persönlichkeiten auf dem Thron des Patriarchen von Aquileja. Neben ihren kirchlichen Aufgaben nahmen diese Kirchenfürsten in der Reichspolitik eine wichtige Rolle ein, oft Seite an Seite mit ihren weltlichen Verwandten.

Der Fund des Reliquienschatzes und des Andechser Missale

Im Jahre 1388 wurden in der St. Nikolauskapelle in Andechs Blut- und Herrenreliquien entdeckt, die angeblich einst die Andechser Grafen in ihrer Stammburg vergraben hatten[12]. Das Eigentumsrecht an dem Fund beanspruchte der Abt von Ebersberg, dessen Kloster über das Patronatsrecht an der Kapelle verfügte. Aber auch die Münchner Herzöge meldeten als Landesherren ihre Ansprüche an. Sie setzten sich durch, nicht

---

11 Reitzenstein, Dom, S. 109–158; Vorwerk, Bamberger Dom, S. 209–218. Reitzenstein würdigt den beträchtlichen Anteil Ekberts am Bau und der künstlerischen Gestaltung des Bamberger Doms, während Vorwerk die Beteiligung Ekberts differenzierter sieht, weil sie nicht durch Quellen belegt ist.

12 Kraft, Studien, S. 125–144.

zuletzt aufgrund ihrer in dieser Zeit besonders guten Beziehungen Herzogs Stephan III. zum Heiligen Stuhl, der als Schiedsrichter angerufen wurde. Der Abt musste den Reliquienschatz 1389 dem Münchner Hof übergeben[13].

Für den Herzog, der sich lange Zeit in Paris am Hof seiner Schwester, der französischen Königin Isabeau de Bavière, aufgehalten hatte, dürfte auch die identitätsstiftende Funktion sowohl der Reichsinsignien als auch des französischen Kronschatzes Vorbild gewesen sein. Das ist wohl der Grund, weshalb das Haus Wittelsbach diesem Heiltumsfund von Anfang an außerordentlich große Aufmerksamkeit entgegenbrachte[14].

Papst Bonifaz IX. (1389—1404) gewährte für das Jahr 1392 einen Ablass für die Feier eines *Heiligen Jahres* in München zur Verehrung des Schatzes. Herzog Stephan III. (1375—1413) hatte 1390 in Rom das große Jubeljahr miterlebt und strebte für München dessen Wiederholung an. Unter der Auflage des Besuchs von vier Münchener Kirchen, Beichte, Empfang der Kommunion sowie Opferung des Betrages, den eine Romfahrt gekostet hätte, bekamen die Pilger einen Ablass.

Diese aufwändige Verehrung der Reliquien entsprach sowohl der religiösen Haltung der Zeit als auch dem Repräsentationsbedürfnis der Herzöge. Daneben war das Jubeljahr für die Stadt München und den Papst ein einträgliches Geschäft. Zuerst hatte man 15 Beichtväter bestellt. Es kamen aber so viele Pilger, selbst aus Österreich und den slawischen Ländern, dass zum Welt- und Ordensklerus der Stadt noch weitere 40 auswärtige Geistliche bestellt werden mussten. In manchen Wochen sollen gar 60 000 Menschen in die Stadt gekommen seien. Die eingegangenen Opfergelder sollten zur Hälfte an das Heiliggeistspital, zur anderen Hälfte nach Rom zur Finanzierung der dortigen vier Jubiläums-Basiliken gehen. Dieses

13 SCHÜTZ, Andechs-Meranier, S. 165–175; STÖRMER, Wittelsbacher, S. 55
14 BAUER, Geschichte, S. 40, vertritt die Auffassung, dass der Andechser Heiltumsfund von der Herzogsfamilie als Ersatz der zum Leidwesen der Münchner Herzöge im Jahre 1350 abgegebenen Reichskleinodien aus der Zeit Ludwigs des Bayern an Kaiser Karl IV. dienen sollten. Der Schatz sollte die Verehrungstätte aufwerten und einen kultisch-religiösen Mittelpunkt bilden.

Heilige Jahr endete mit einem jahrelangen Streit und der Ex-kommunikation von Münchner Räten wegen nicht abgeführter Abgaben an den Papst. Allerdings handelte es sich bei diesem Ablass nicht um ein singuläres Ereignis, das außerhalb Roms zum ersten Mal in München stattfand, wie es in der Literatur über Andechs meist dargestellt wird[15].

Der Bau der Klosterkirche und die Stiftung Herzog Ernsts

Mit Sicherheit gab es seit Auffindung des Reliquienschatzes Überlegungen, für diesen einen würdigen Aufbewahrungsort zu schaffen. Auch der Plan, in Andechs ein Kloster zu gründen, wurde schon früh verfolgt[16]. Der Zeitpunkt um die Wende zum 15. Jahrhundert und die folgenden beiden ersten Jahrzehnte waren aber für eine Klostergründung denkbar ungünstig. Die Wittelsbacher Bruderkriege, Bürgerkriegswirren in München und die eklatante Finanznot der Münchner Herzöge ließen dies nicht zu[17]. Dazu kam, dass die Besitzverhältnisse bezüglich der Andechser Kapelle nicht geklärt waren. Merkwürdig ist aber, dass, abgesehen von einer kurzen Episode nach dem Auf-finden des für die Wittelsbacher so wichtigen Reliquienschat-zes, bis 1416, also über einen Zeitraum von über zwanzig Jah-ren, weder Schenkungen an den Berg Andechs, noch sonstige Erwähnungen festzustellen sind. Das deutet darauf hin, dass die Münchner Herzöge bis zu dieser Zeit nicht im Besitz des Andechser Berges und seiner Kirche St. Nikolaus waren. Erst um das Jahr 1416 scheint er in die Verfügungsgewalt der Münchner Herzöge gekommen zu sein, womit eine neue Ära in Andechs begann[18]. Mit der Verwaltung der Kapelle und des *mons Andechs* waren die Dießener Augustiner-Chorherren be-

---

15 Stahleder, Herzogs- und Bürgerstadt, S. 174–178; Kraft, Studien, S. 147–170; Paulus, Ablass, Bd. III, S. 155–158.
16 Kraft, Studien, S. 127 sowie 156–159.

17 Störmer, Wittelsbacher, S. 56.
18 Die Quellenlage zu diesen Jah-ren ist unzureichend. Wahrscheinlich haben sich die Münchner Herzöge mit dem Ebersberger Konvent be-

auftragt. Dafür zeigte sich der Herzog erkenntlich. Die Urkunde über die Schenkung des *Plattensteins*, einer größeren Fläche zwischen Erling und Frieding, wahrscheinlich einer Wüstung, wo im 14. Jahrhundert ein Hof abging, ist das erste Dokument, das die neue Situation aufzeigt. Die Herzöge Ernst (1397—1438) und Wilhelm (1402—1435) sowie die Herzogin Elisabeth (1396—1432) schenkten dem *Probst Jacob zu Diessen und seim Convent die der Cappellen und des perges verweser ietzo sind oder wer hierfür verweser daelbst wirt das gut am Plattenstein*[19].

Den Heiltumsschatz hatten die Herzöge bis zu diesem Zeitpunkt in ihrer Münchner Schatzkammer verwahrt. Ausnahmen wurden nur für die alljährlichen Wallfahrten nach Andechs gemacht, bei denen der Schatz mitgeführt wurde. In der Regel wurde er auf drei Wagen, von Schützen eskortiert, von München nach Andechs und einige Tage später wieder zurück gebracht. Laut einer Notiz der herzoglichen Schatzkammer handelte es sich dabei u. a. um Monstranzen, die zur Aufbewahrung der Reliquien und Hostien dienten. Zurück in der Münchner Residenzkirche wurden sie, laut einem Ablassbrief des Freisinger Bischofs aus dem Jahre 1407, dort regelmäßig feierlich gewiesen.

Zum letzten Mal ist im Jahre 1413 ein Heiltumstransport von München nach Andechs nachgewiesen. In den folgenden Jahren wurden die Reliquien wieder auf dem Berg Andechs, wie er damals noch hieß, verwahrt. So weist es jedenfalls die Münchner Chronik aus: Die Stadtkammer verbuchte nun in mehreren Einträgen einen Heiltumstransport von Andechs nach München: *Item 2 lb. d. haben wir geben 12 schüczen, die mit dem hailigen hailgtum von Andass her furen, Bartholomei anno (14)20* und *Item 6 ß d. haben wir geben den drey wegen, die daz hailigtum her furtten, Bartholomei anno (14)20*[20]. Offenbar hatte man sich in München die Heiltümer ausgeliehen, die sich

züglich der Eigentumsverhältnisse geeinigt.

19 BayHStA KU Andechs 6.

20 STAHLEDER, Herzogs- und Bürgerstadt, S. 197–251; KRAFT, Studien, S. 160f.

wieder in Andechs befanden und zwar für eine Weisung, deren Anlass uns nicht bekannt ist.

Mit dem Sieg von Alling über seinen Ingolstädter Vetter am 9. September 1422 bekam der Herzog Handlungsfreiheit[21]. In den 20er Jahren des 15. Jahrhunderts entstand der Bau der spätgotischen, heute noch bestehenden Klosterkirche. Viel spricht dafür, dass erst das Ende des *Bayerischen Krieges* (1420—1422) Herzog Ernst die Möglichkeit verschaffte, den schon länger gehegten Plan des Kirchenbaus in die Tat umzusetzen.

Über den Bau selbst ist uns nur ein Beleg bekannt, nämlich der Auftrag Herzog Ernsts vom 26. September 1423 an den Abt von Tegernsee, die Herbststeuer unmittelbar an den herzoglichen Maurer in Andechs auszuzahlen[22]. Ansonsten gibt es noch die Almosenbriefe Herzog Ernsts, des Salzburger Erzbischofs Eberhard und des Freisinger Generalvikars Dr. Johannes Grünwalder, mit denen Spenden für den Kirchenbau erbeten wurden. Spätestens 1427 war der gotische Hallenbau vollendet, was schon auf beträchtliche Wallfahrtseinnahmen hinweist[23]. Eine vierjährige Bauzeit ist auch für andere Neubauten dieser Jahre, nachzuweisen[24]. Sie erlauben den Schluss, dass diese 20er Jahre des 15. Jahrhunderts für Bayern eine Zeit der Konsolidierung und des wirtschaftlichen Aufschwungs waren. Für die Zeit des Kirchenbaus ist der Dießener Augustiner-Chorherr Thomas Summerer in Andechs überliefert, der auch die Aussendung der Almosensammler und die Übergabe der Ablassbriefe besorgte.

21 STRAUB, Ludwig der Bärtige, S. 238f.
22 BayHStA München KU Tegernsee 393; ADRIAN-WERBURG, Urkundenwesen, S. 160 und 217. Es ist erstaunlich, wie wenig Quellen über diesen bedeutenden Kirchenbau berichten, spielte doch die Klosterkirche für die Gründung des Chorherrenstiftes wie des Benediktinerklosters eine zentrale Rolle und bildet bis

heute das Kernstück des Heiligen Berges.
23 STÖRMER, Wittelsbacher, S. 56.
24 Eine Reihe von gotischen Hallenkirchen , wie z. B. die Jakobskirche am Anger in München (1404–1408), in Ingolstadt die Liebfrauenkirche (1425), in Dießen das Marienmünster(1428), in Polling die Klosterkirche (1416–1420), in Landshut die Martinskirche (1422) wurden um diese Zeit errichtet.

Kurz vor seinem Tod im Jahre 1438 gründete Herzog Ernst in Andechs ein Chorherrenstift für sieben Weltpriester. Damit endete die Betreuung und Verwaltung der Kirche in Andechs, des Reliquienschatzes und der Wallfahrt durch das benachbarte Augustiner-Chorherrenstift Dießen aus Gründen, die wir nicht kennen[25]. Der Stiftungsbrief vom 21. Juni 1438 [26] verkündete die Errichtung von *Stift und Collegium eines Propstes und sechs weltlicher Chorherren* auf dem Berg Andechs. Ausdrücklich wird in der Urkunde betont, dass Herzog Ernst das Kollegiatsstift mit Zustimmung des Konzils von Basel und den Mitgliedern seiner Familie gründete.

Die von den nachfolgenden Benediktinern geprägte Geschichtsschreibung betont, dass das Stift sich nicht wie erhofft entwickelt hatte. Der Grund dafür wird in einer mangelhaften Ausstattung gesehen[27]. Im Widerspruch dazu steht, dass bald nach der Gründung des Stifts der Begriff *Heiliger Berg* zum ersten Mal nachweisbar ist. Als Bischof Peter von Augsburg 1448 den Tausch der Pfarrkirchen von Erling und Wald genehmigt, wird der Begriff der *ecclesia s. Nicolai montis sancti in Andechs* gebraucht[28]. Einige Jahre später wird bei einem Grundstücksgeschäft eines Weilheimer Bürgers bei der Lokalisierung der Liegenschaft vom *stieft und goczhaus auf dem hailligen perg ze andechs* gesprochen[29]. Das sind deutliche Anzeichen dafür, dass das Chorherrenstift allgemein angenommen und geschätzt worden ist[30].

25   KRAFT, Studien, S. 169–173 und 357.
26   Abdruck des Stifungsbriefes bei KRAFT, Studien, S. 179–191 nach einem Original, das infolge von Kriegseinwirkungen verschollen ist.
27   MÄRTL, Albrecht III., S. 11.
28   BayHStA München, KU Andechs 22.
29   BayHStA München, KU Andechs 24, Jörg Paus, Bürger zu Weilheim spricht in einer Urkunde aus dem Jahre 1452, in welcher der Verkauf eines Grundstücks festgelegt wird, von den angrenzenden *höff die da aigen sint den stieft und goczhaus auf dem hailligen perg ze andechs*. Das sind meines Wissens die ersten gesicherten Quellen, die den Begriff des Heiligen Bergs nachweisen.
30   MÄRTL, Albrecht III., S. 25f. Es gibt weitere Anzeichen dafür, dass das Chorherrenstift besser als sein späterer Ruf war und in der Geschichtsschreibung nicht richtig gewürdigt wird, z. B. der Vorschlag des weltgewandten Thomas Pirkheimers in den 60er Jahren des 15. Jahrhunderts, das Andechser Benediktinerkloster wieder in ein Chorherrenstift umzuwandeln und es mit dem Augus-

Die Gründung des Benediktinerklosters durch Herzog Albrecht III.

Eine allgemein darnieder liegende Klosterdisziplin erforderte Reformbemühungen, die schwierig und nicht immer von Erfolg gekrönt waren. 1441 hielt sich Herzog Albrecht III. (1438—1460), der einzige Sohn und Erbe Herzog Ernsts, mit seinem Berater und engen Vertrauten, Propst Johann vom Augustiner-Chorherrenstift Indersdorf (1413—1470)[31], in Andechs auf, wahrscheinlich um neue Pläne im Zusammenhang mit der Klosterreform zu beraten. Den Herzog plagten Zweifel, ob ein Säkularkanonikerstift in sein Reformprogramm passe. Zunächst wollte Albrecht das Kollegiatsstift in ein reguliertes Augustiner-Chorherrenstift umwandeln lassen. Johann von Indersdorf lehnte diesen Plan jedoch ab. Der Hinweis, dass sich in Andechs angeblich vorzeiten schon ein Benediktinerkloster befunden hätte, stimmte den Herzog schließlich um. Diese Entscheidung für den Bau eines Benediktinerklosters fiel in engem Zusammenwirken mit Kardinal Nikolaus von Kues (1401—1464). Dessen Aufenthalt in München im März 1451 nutzte Herzog Albrecht für seinen Vorschlag zur Gründung eines Benediktinerklosters in Andechs. Dem Besuch des Kardinals in der Fastenzeit 1452 in Andechs kam die entscheidende Rolle zu. Zweifellos hätte bei einer Ablehnung der Andechser Hostien als zentralem Bestandteil des Reliquienschatzes durch den päpstlichen Legaten auch das Klosterprojekt Schaden erleiden können. Darüber hinaus brachte Albrecht, der nicht umsonst den Beinamen *der Fromme* trug, der Kraft des Andechser Heiltums ein fast grenzenloses Vertrauen entgegen.

tiner-Chorherrenstift Dießen zusammenzulegen.
31 SCHMID; Johann, S. 582f; MÄRTL, Straubing, S. 151–164 mit der Darstellung des Konfliktes zwischen Herzog Ernst und Albrecht III. Johann von Indersdorf ist der bedeutendste Vertreter der Indersdorfer Chorherrenreform, die auf mindestens 25 bayerische Stifte ausstrahlte. 1434 hatte ihn Hz. Albrecht III. als Hofseelsorger nach München berufen. 1438 zum hzgl. Hofrat ernannt, wirkte er an der Aussöhnung Albrechts III. mit seinem Vater Ernst nach dem Tod der Agnes Bernauer mit.

Eine zeitgenössische Schilderung berichtet, dass der Kardinal zuerst ausgiebig in der Kirche gebetet und dann sorgfältig die ihm gezeigten Reliquien betrachtet hätte, *besunder das fronsacrament in den drein wunderlichen hosti*, während der Herzog im Hintergrund stand und begierig auf die Reaktion wartete. *Da hueb an der got amdächtig pischof und legat ze loben und preysen seinen* (d. h. des Herzogs) *gueten willen und fürsatz und ermant in mit vleiß zu volfürn und volpringen, das er im in andacht hyet fürgenommen*[32]. Nikolaus von Kues sagte also offenbar kein einziges Wort über die Hostien, sondern er lobte Albrecht überschwänglich für seinen Plan der Klostergründung. Die Hostien sowie zwei Pergamentauthentica in ihrem bleiernen Behälter nahm er mit nach Rom, um sie dem Papst vorzulegen. Mit größter Wahrscheinlichkeit besuchte Nikolaus Andechs erneut im Herbst 1453[33]. Er übergab dort nicht nur die Ablass- und Bestätigungsbulle des Papstes, sondern auch die darin genannte Bleikapsel mit den Hostien. Der Papst hatte, im Gegensatz zu anderen Fällen, die Verehrung der Andechser Reliquien gestattet und der Errichtung eines Benediktinerklosters zugestimmt[34]. Das hatte nur auf der Basis eines günstigen Berichts des Kardinals geschehen können, hatte dieser doch im Sommer 1451 die Verehrung blutender Hostien in seinem Legationsgebiet strikt untersagt. Er war dazu durch die blühende Wallfahrt zu den Bluthostien veranlasst worden, die in Wilsnack in der Mark Brandenburg verehrt wurden, obwohl Betrugsvorwürfe seit ihrer Auffindung etwa sieben Jahrzehnte zuvor nicht verstummt waren. Dabei fällt auf, dass die Andech-

32 Märtl, Albrecht III. S. 8–12. Wahrscheinlich haben die Berater des Herzogs sich auf die Einträge im *Andechser Missale* bezogen, wo die Rede davon ist, dass in Andechs zweimal ein Benediktinerkloster gegründet wurde, einmal von Kaiser Heinrich II. und das andere Mal von einem Graf Bertold. Vielleicht spielte auch der Plan Herzog Johanns II., des Großvaters Albrechts und Vaters Bischof Grünwalders von Freising eine Rolle, nach Auffindung des Reliquienschatzes um das Jahr 1390 ein Kloster zu bauen. Der Bischof war sehr in die Wittelsbacher Familientradition eingebunden. Sein Anteil an der Gründung des Benediktinerklosters und sein Einfluss auf den zögernden Tegernseer Abt, Mönche nach Andechs abzugeben, scheint noch nicht richtig bewertet zu sein.
33 Meuthen, Wittelsbacher, S. 101–103.
34 BayHStA München KU Andechs 4.

ser Hostien im Text der Urkunde zwar genannt werden, aber es ist von ihnen keineswegs an vorderster Stelle und auch nicht mit besonderer Betonung die Rede. Vielmehr wird hervorgehoben, dass unter allen Reliquien diejenigen des Herren stets die größte Verehrung verdienten. Dies wird ausdrücklich auf die wiederholt erwähnte Dornenkrone Christi bezogen, von der ebenfalls ein Stück im Andechser Heiltum vorhanden ist. In einem späteren Brief an die Tegernseer Mönche umgeht Nikolaus jede Andeutung, dass es sich bei den Andechser Hostien um Bluthostien handelt, sondern bezieht sein Hauptargument aus der Gewissheit, dass sie tatsächlich geweiht waren, ihre Verehrung also keinen Götzendienst darstellen konnte[35].

Die Verehrung dieses Reliquienschatzes wurde nun Anlass und Basis für die geplante Klosterneugründung. Bei seiner Stiftung konnte sich Herzog Albrechts zudem auch auf die Dotationen seines Vaters für das Chorherrenstift stützen. Ein vorbildhaftes Reformkloster war Herzog Albrecht III. sicher wichtig, war es doch vielen weltlichen Herrschern im 15. Jahrhundert ein großes Anliegen, Klöster und Klerus in ihrem Herrschaftsbereich zu reformieren. Vor allem seine beiden Onkel, Herzog Wilhelm III. und der Freisinger Bischof Grünwalder nahmen die Anstöße des Konzils von Basel auf und wirkten dem Darniederliegen der klösterlichen Zucht durch das Einsetzen von Reformäbten entgegen[36]. Die moderne Forschung betont, dass die fürstlichen Reformmaßnahmen im 15. Jahrhundert stets auch einen politischen Hintergrund hatten und gewissermaßen eine Etappe auf dem Weg zum frühzeitlichen Kirchenregiment der Landesherren darstellten[37]. Die religiösen Antriebskräfte des Einsatzes für die Reform sollten aber nicht gering gewertet werden.

Herzog Albrecht war am böhmischen Königshof in Prag aufgewachsen, dessen geistig und religiös aufgeschlossenes Umfeld ihn vermutlich prägte. Seine kinderlose Tante Sophie von Wittelsbach, die Gemahlin König Wenzels, sympathisierte

---

35 Märtl, Albrecht III., S. 17f.   **37** Märtl, Albrecht III., S. 109.
36 Riezler, Geschichte,
S. 827–831.

offen mit Jan Hus, dem später in Konstanz verbrannten Ketzer[38]. Sowohl der Anspruch auf ein hohes Bildungsniveau als auch die Forderungen nach Beseitigung kirchlicher Missstände, persönlicher Armut des Klerus und Übersetzung der Bibel in die Volkssprache, also die Anliegen der Klosterreformer, waren ihm daher von Jugend auf vertraut. Auch die besonders tiefe Verehrung des Andechser Reliquienschatzes, die erst durch ihn wieder an Bedeutung gewann, könnte auf Prager Vorbilder zurückzuführen sein.

Die Stiftung eines Hausklosters im Zeichen einer Klosterreform hatte im übrigen für das Haus Wittelsbach schon seit Ende des II. Jahrhunderts Tradition. So standen die Gründungen der Klöster Scheyern und Ensdorf unter dem Zeichen der Hirsauer Reform, Indersdorf unter dem der Kanonikerreform. Seligenthal, Fürstenfeld und Fürstenzell wurden durch die zisterziensische Reformbewegung geprägt. Die Herzöge Stephan II. und seine Söhne Stephan III. und Friedrich I. setzten die Politik Ludwigs des Bayern fort, landständische Klöster zu schaffen. Sie erließen 1367 sogar das Verbot für die bayerischen Klöster, päpstliche Steuern zu zahlen[39]. Nun ging Herzog Albrecht III. diesen Weg bei der Andechser Klostergründung mit der Kurie gemeinsam.

Das Haus- und Reformkloster

Für diese letzte mittelalterliche Klostergründung in Bayern gab es mehrere Motive. Nikolaus von Kues, dem Kirchenreformer, war die Schaffung eines reformierten Modellklosters vordringlich. Dessen geistliche Konzeption sollte sowohl den Mönchen anderer Klöster als auch dem weltlichen Klerus als Vorbild dienen. Dieser sollte in reformierten, volksnahen For-

---

38 SCHLOTHEUBER, Hus, S. 130 und FÜETRER, der berichtet, dass die Königin auf die Vorhaltungen ihres Bruders Herzog Ernst geantwortet hätte, *sy wolt in irem glauben ersterben*. Darauf schlug sie der Bruder zornig ins Gesicht und *sass auf mit den seinen und schied in grossem widermuet*. Vgl. SPILLER, Füetrer, S. 205.

39 BRACKMANN, Wallfahrt, S. 54.

men der Frömmigkeit wieder an die Kirche herangeführt, das geistliche Leben nach den strengen Regeln von Melk ausgerichtet werden. Wie in Tegernsee nahm man nur Bürgerliche, die sich der neuen Frömmigkeitsbewegung unterwarfen, in den Konvent auf [40].

Für Albrecht war zudem die würdige Verwahrung des für ihn und seine Herrschaft so bedeutungsvollen Reliquienschatzes und die Grablege seiner Familie von Bedeutung. Der Plan, Andechs als Wittelsbacher Hauskloster zu errichten, war ihm wichtig. Er scheint ihn wohl schon früh gehabt zu haben. Albrechts Leibarzt Johannes Hartlieb berichtet an Johann von Indersdorf von der Äußerung des Herzogs: *Ich han mir vestiklich fürgenommen, das meine sün auf dem Heiligen perg Andächs süllen gezogen und unterweist werden, pis sy kömen zu iren vernünftigen jaren. Ich hoff, sy erlangen besunder gross gnad und andacht daselbst von got, von des Heiltumbs wegen daselbt.* [41] Angesichts der sonst üblichen Grundsätze der Fürstenerziehung, bei der großes Gewicht auf die Erlernung höfischen Benehmens und die Aneignung körperlicher Geschicklichkeit gelegt wurde, war dies ein wahrhaft ungewöhnliches Vorhaben. Es wurde von Albrecht noch unterstrichen mit der Begründung, seine Söhne sollten *nit also pey der welt* aufgezogen werden [42].

Die Gründung eines landständischen Klosters im schwäbischen Bistum Augsburg war für die Münchner Herzöge außerdem machtpolitisch sinnvoll. Nach dem Scheitern der Tiroler Ansprüche im Süden, dem Erstarken der Habsburger im Osten und der Landshuter Vettern im Norden, war ihr Herrschaftsausgriff nach Westen gerichtet. Die Verbindungen des Münchener Herzogshauses mit der altehrwürdigen, selbstbewussten und wohlhabenden Reichsstadt konnten mit einem dem Herzogshaus eng verbundenen Reformkloster im Bistum Augsburg entscheidend gefördert werden.

40 KRAFT, Studien, S. 214–219.
41 Vgl. SATTLER, Chronik, S. 130 f., *Herzog Albrechts Lobtugenden.*
42 MÄRTL, Albrecht III., S. 25.

Andechs trug als Tochtergründung des Reformklosters Tegernsee von Anfang an den „Stempel des neuen Geistes"[43]. Dabei gab es nicht unerhebliche Geburtswehen. Lange hatte sich der Tegernseer Abt Kaspar Ayndorffer gewehrt, der Aufforderung Herzog Albrechts zu folgen und Andechs mit Tegernseer Mönchen zu besiedeln. Im Tegernseer Konvent scheint es gegen Herzog Albrechts Stiftung Vorbehalte gegeben zu haben. Der Tegernseer Prior Bernhard von Waging schrieb am 28. Juli 1455 an Nikolaus von Kues: *Spoliavit nos illis princeps (— Dieser Fürst beraubt uns —)*[44]. Nikolaus von Kues musste die Tegernseer Mönche bezüglich ihrer Zweifel an den Andechser Hostien beruhigen. Es war sicher auch nicht einfach für einen Konvent von ca. 40 Mönchen, der sich erst unter der Regierung Abt Kaspars regeneriert hatte und der ohnehin schon eine Reihe von Äbten anderer Reformklöster stellte, sieben weitere Mitglieder abzugeben. Denn keiner der Mönche wollte sich aus der Familie des Hl. Quirinus losreißen, keinen wollte der Abt ziehen lassen. Lieber hätte er neue Kandidaten für den heiligen Berg gewonnen. Die Bautätigkeit, die mit der Errichtung des Benediktinerklosters einsetzte, war zudem für die Klöster des Oberlandes, die mit Holzlieferungen und der Bereitstellung von Arbeitskräften dazu beitragen mussten, kein Anlass zur Freude. Aber schließlich musste Abt Kaspar Ayndorffer doch nachgeben und neben einer materiellen Grundausstattung sieben seiner Mönche nach Andechs schicken, von denen er den Tüchtigsten, P. Eberhard, zum Prior bestimmte. Sie mußten der schwierigen Aufgabe einer Klosterneugründung gerecht werden. Den Prior und zukünftigen Abt Eberhard hob er hervor als *virum multa probitate preditum in spiritualibus et temporalibus non mediocriter eruditum, probatum atque peritum*[45]. Schnell wurde das neu gegründete Priorat selbständig und entwickelte ein eigenständiges Profil mit einem monastischen Leben, das den strengen Maßstäben der Klosterreformer gerecht wurde und in den ersten Jahrzehnten seines Bestehens viel Lob erfuhr[46]. Im traditionsreichen

---

43 Kraft, Studien, S. 234f.
44 Clm 19697.

45 Redlich, Tegernsee, S. 145.
46 Kraft, Studien, S. 252.

Augsburger Kloster St. Ulrich und Afra hatte im selben Jahr wie Abt Eberhard (1458—1462) in Andechs Melchior von Stammheim (1458—1472) sein Amt als Abt angetreten. Er hatte an der Wiener Universität studiert, in Melk seine Profess abgelegt und sollte einer der großen Reformäbte werden. Eine enge Zusammenarbeit der beiden Klöster begann. Das Reichskloster St. Ulrich und Afra war, nach Einführung der Melker Reform, mehr als andere Klöster mit den umliegenden Benediktinerklöstern verbunden. Die reformierten Klöster verstanden sich als eine Gemeinschaft. Über die gemeinsame Regelauslegung und monastische Zielsetzung hinaus scheint diese Klöster auch der gemeinsame Neuanfang verbunden zu haben[47].

Bei einer Visitation, die schon 1459 durchgeführt wurde, lobt Abt Kaspar von Tegernsee die Blüte und lobenswerte Festigkeit klösterlichen Lebens, zugleich ist aber die Rede von Baulichkeiten, die für ein Kloster ungeeignet seien. Obwohl diese Kritik an den Klostergründer Herzog Albrecht gerichtet zu sein schien, damit dieser seine Gründung materiell besser ausstatte, wollte dies der junge Abt Eberhard nicht akzeptieren. Es kam zu Differenzen, zum Rücktritt eines der Visitatoren und, wohl kurzfristiger Suspendierung des Andechser Abtes[48]. Das Verhältnis zum Mutterkloster war somit gestört. Das führte dazu, dass um 1459/60 einige Tegernseer Mönche in ihr Mutterkloster zurückkehrten, manche anscheinend frohen Herzens. Trotzdem brachen die Beziehungen zu Tegernsee nicht ab. Das zeigt der Verbrüderungsbrief der beiden Klöster vom 19. Februar 1460. Diese Urkunde ist auch deshalb bemerkenswert, weil sämtliche Konventualen, sowohl von Tegernsee als auch von Andechs aufgeführt wurden, was später selten geschah. Nur noch wenige Mönche stammten aus dem Gründungskonvent; neben Abt Eberhard Stöckl vor allem der Prior, Johannes Hannemann, der spätere Abt (1462—1475). Drei neue Namen tauchen auf: Andreas Oertl der zukünftige dritte

47 ZOEPFL, Bischöfe,
S. 430–439; SCHMIDT, Reichenau,
S. 79.

48 REDLICH, Tegernsee, S. 146.

Andechser Abt (1475—1492); Matthias Breitenwieser, der aber noch im gleichen Jahr nach Tegernsee zurückging und dort Subprior wurde und P. Conradus[49]. Neueintritte sollten die Formierung eines jungen, selbstbewussten Konvents ermöglichen.

Unser Wissen über Daten und Fakten bezüglich Herkunft und Bildung des Andechser Konvents in den ersten Jahrzehnten nach seiner Gründung ist begrenzt[50]. Das Wenige, was uns zugänglich ist, erlaubt gleichwohl einige Rückschlüsse. Die soziale Herkunft der Konventualen ist grob bestimmbar. Bis zur Klosterreform war der Eintritt in die Klöster eine Domäne des Adels und des wohlhabenden Patriziats. Das sollte sich grundlegend ändern. Adelige findet man nach der Reform nur noch vereinzelt in den Konventen. Im Kloster Andechs ist in den ersten Jahrzehnten seines Bestehens kein Adeliger oder ein Mitglied einer bekannten Patrizierfamilie nachzuweisen. Der Bildungsstand, der sich aus der literarischen Tätigkeit der Mönche rekonstruieren lässt, erweckt aber den Eindruck, dass der Konvent sich aus einer Bürgerschicht rekrutierte, die einen beachtlichen Bildungsstand aufwies[51]. Die Konventualen scheinen das Latein mehr oder weniger beherrscht zu haben. Es ist anzunehmen, dass sie diese Kenntnisse im allgemeinen auf Klosterschulen erwarben[52]. Auffallend ist, dass Andechs, im Gegensatz zum Mutterkloster Tegernsee und vielen süddeutschen Benediktinerklöstern, keine Hörer an die Wiener Universität geschickt hat. Die Impulse und Anstöße, die von Wien ausgingen und für die geistige Haltung der Reformklöster prägend waren, scheint Andechs aus zweiter Hand empfangen zu haben.

Aufschlussreich ist auch die geographische Herkunft der Mönche, soweit wir sie kennen. Der Gründungskonvent kam

---

49 KRAFT, Studien, S. 216.

50 Dieses Thema wurde noch kaum bearbeitet, wahrscheinlich vorhandene Quellen wie Visitationsprotokolle nicht ausgewertet.

51 KRAFT, Studien, S. 232–242.

52 SCHLOTHEUBER, Klostereintritt, S. 310f., setzt sich mit den sprachlichen Fähigkeiten in norddeutschen Klöstern auseinander. Ihre Forschungsergebnisse können ansatzweise auch auf süddeutsche Klöster übertragen werden.

aus dem Einzugsbereich des Klosters Tegernsee, nämlich fast ausschließlich aus München und seiner weiteren Umgebung. Das änderte sich mit der ersten Generation der Mönche, die nicht mehr aus Tegernsee kam. Der Einzugsbereich des Klosters, zumindest was seine Konventualen anbetraf, lag nun im Westen von Andechs, im Augsburger Raum und in Schwaben[53].

Bei der Gründungsfeier des Klosters mit Herzog Albrecht III. befand sich unter den Gästen der herzogliche Pfleger Hans Heseloher, der im nahen Schloss Pähl amtierte[54]. Er war ein *homme de lettres,* der in seiner Epoche über Rang und Namen verfügte und gilt als *der eigentlich letzte Minnesänger im bayerischen Raum*[55]. Von seinen zahlreichen Liedern, von denen nur vier erhalten geblieben sind, schreibt Wiguleus Hundt, dass er *viel schöner teutscher, lächerlicher und artlicher lieder geticht* habe. Seine manchmal derben und herzhaften Verse geben in einer naturhaften Frische und Lebendigkeit das Milieu bäuerlichen Lebens und Denkens wieder. Drei Lieder wurden 1454 in das berühmte *Augsburger Liederbuch* aufgenommen. Der Pfleger und Landrichter nahm als Vertreter des Herzogs in dessen Hauskloster wohl eine hervorragende Rolle ein. Dem Kloster schenkte er noch im Gründungsjahr ein wertvolles Graduale[56]. 1470 stiftete er zusammen mit seinem Bruder Andreas die Allerheiligenkapelle, in der er 1485 begraben wurde. Die Verbindungen Heselohers zu dem neu gegründeten Kloster, das in Sichtweite seines Amtssitzes lag, hätten also kaum enger sein können. Die wachsende Schicht der gelehrten Ärzte, Schreiber und Beamten sah in den Mönchen nicht mehr nur die Seelsorger, die auf traditionelle Weise für die individuellen Bedürfnisse der Bürger geistliche Funktionen erfüllten, son-

53 KRAFT, Studien, S. 237–239. Isny im Allgäu, Herrsching, Schongau, Kaufbeuren, Landsberg am Lech und Augsburg sind die Herkunftsorte des Konvents der 2. Generation, soweit diese bekannt sind.
54 SATTLER, Chronik, S. 144. Nach dem Sturz des andechsisch-meranischen Machtblocks im 13. Jahrhundert hatten die Wittelsbacher statt Dießen das Hochschloss Pähl zum Mittelpunkt des ehemaligen Andechser Besitzes und des Gerichts sowie zum Sitz des Landrichters, Pflegers und Kastners gemacht.
55 B. HUBENSTEINER, Geschichte, S. 135, zählt ihn zu den Münchner Meistersingern.
56 HÄMMERLE, Pähl, S. 21–41.

dern sie nahm sie auch als Hausfreunde, Gesinnungsgenossen und *consodales* gleichwertig in ihre geistige Gemeinschaft auf. Sie integrierten sie in ihr soziales und kulturelles Ambiente, in dem wirtschaftliche Macht und politischer Einfluss mit jenem Stil eine Synthese eingegangen waren, den sie in ihrem Studium kennen gelernt hatten[57]. Gemeinsame literarische Interessen könnten darüber hinaus den Meistersinger mit den Mönchen verbunden haben. Einige Konventsmitglieder waren ebenfalls literarisch schöpferisch und standen den neuen Geistesströmungen und Techniken aufgeschlossen gegenüber. Auch ihnen war es ein Anliegen, *dem Volk auf das Maul zu schauen* und sich in einer ihnen verständlichen Sprache an die Menschen zu wenden.

Die Wallfahrt

Der zeitliche Beginn des Wallfahrens zum Reliquienschatz in Andechs ist von Legenden umrankt, durch Bruchstücke späterer Urkundenabschriften verunklart und durch ungenaue Herrschaftszuordnungen verdunkelt. Gesichert ist ein fast propagandistisch zu nennender Auftakt für eine mittelalterliche Reliquienweisung[58]. Vielleicht hat es auf dem Andechser Berg seit Urzeiten eine Form der Verehrung und eine kleine Wallfahrt gegeben. Dafür sprechen die exponierte Lage des Berges, Funde aus vielen Epochen und eine Quelle, der man bis heute Augenheilungen zuschreibt. Nach dem Niedergang des Andechser Grafengeschlechts und dem Schleifen der Burg war die ehemalige Burgkapelle St. Nikolaus auf dem Burgberg der Bedeutungslosigkeit anheim gefallen. Mit dem Fund und der Verehrung des Reliquienschatzes stand er wieder im Mittelpunkt des Interesses.

Die Andechser Reliquien waren mit dem Heiligen Jahr 1392 in München weit über die Grenzen des Herzogtums

---

57 ELM, Reformen, S. 97f.   58 MÖHLER, Wallfahrt, S. 121.

hinaus bekannt geworden. Pilger kamen, wenn man den Chronisten glauben darf, bis aus den slawischen Ländern[59].

Bis zum Ende des 12. Jahrhunderts hatte es die Geistlichkeit, in Fortführung antiker Tradition, bewusst vermieden, Laien einen Blick auf Heiliges zu gewähren, weil geheiligte Gegenstände vor den Blicken *unwürdiger* Menschen zu schützen waren. Allmählich setzte sich, zuerst in den Klöstern, die Auffassung durch, das öffentliche Vorzeigen der Hostie zu einem Teil der Liturgie und damit dem Volk Heiliges zugänglich zu machen. Die Laien nahmen die Neuerung zum Teil überschwänglich auf, denn was ihnen hier gezeigt wurde, war — in der Form der Hostie — nichts Geringeres als der wahrhaftige Leib Christi, die sichtbare Anwesenheit Gottes. 1264 erließ Papst Urban IV. die Bulle *Transiturus de hoc mundo,* in der das Fronleichnamsfest zu Ehren der Eucharistie eingeführt wurde. Sakramentsprozessionen lockten viele Gläubige an. Der geweihten Hostie wurde zunehmend übernatürliche Kraft zugeschrieben, wie Beeinflussung des Wetters, Löschen von Bränden, Heilung von Besessenen. Im späten Mittelalter kamen dann die Sakramentswallfahrten auf, in deren Mittelpunkt die Eucharistie, der Leib Christi, stand. Als Reaktion auf die als häretisch empfundene Infragestellung der Realpräsenz von Leib und Blut Christi im eucharistischen Sakrament hatte sich in der zweiten Hälfte des 11. Jahrhunderts die Transsubstantiationslehre entwickelt. Ihr zufolge verwandelt sich die Brotsubstanz der Hostie während der priesterlichen Konsekration unter Beibehaltung von Gestalt und Form in den Herrenleib *(substantialiter transmutata).* In der Folgezeit entstand, möglicherweise, um die neue Lehre gegen Zweifler durchzusetzen, eine von der Kirche gezielt geförderte Hostienverehrung. Dieser Weg von der Kultförderung zur Eucharistieverehrung breiter Bevölkerungsschichten war ein Prozess, der mehrere Jahrhunderte lang dauerte.

59 KRAFT, Studien, S. 147–154, und STAHLEDER, Herzogs-und Bürgergerstadt, S. 178 f.

Die Eucharistieverehrung nahm zunehmend Ausmaße von Aberglauben und Götzendienst an[60]. Davon waren sogar viele Geistliche Mitte des 15. Jahrhunderts überzeugt, wie sich der Diskussion um die Wilsnacker Heilig-Blut-Wallfahrt entnehmen lässt[61]. Deshalb erließ Nikolaus von Kues 1451 im Rahmen seiner Legationsreise zur Reform der deutschen Kirche ein Dekret, das unter Androhung des Interdikts die Präsentation von Bluthostien und Blutwundern verbot. In Andechs, wo die Gründung eines Benediktinerklosters anstand, erkannte der Kardinal jedoch die Verehrungswürdigkeit des Reliquienschatzes an. Im Gegensatz zu vielen anderen Kirchen und Klöstern, deren Reliquienverehrung und Wallfahrten verboten wurden, wurde die Andechser Wallfahrt genehmigt, Abgaben und Termine wurden genau festgelegt[62]. Diese Reliquienverehrung sollte sowohl dem Frömmigkeitsbedürfnis des späten Mittelalters, als auch den Forderungen der Reformbewegung entsprechen. Der Grundstein für das Kloster und dessen Wallfahrt war damit gelegt. Die Wallfahrt wurde schnell von der Bevölkerung angenommen. Gewisse äußere Voraussetzungen, wie die große Hallenkirche, die Herzog Ernst um 1420 gebaut hatte, waren schon vorhanden.

Zahlen über die Wallfahrt gibt es nur sporadisch. Die *„vierzigtausend Wallfahrer"*,[63] die der Überlieferung nach an Christi Himmelfahrt des Gründungsjahres zum Heiligen Berg pilgerten, sind wahrscheinlich in den Bereich der Legende zu verweisen. Von den damals noch sehr beschränkten logistischen und räumlichen Verhältnissen her ist das schwer vorstellbar. Fest steht aber, dass unmittelbar nach der Gründung des Klosters die schon bestehende Wallfahrt einen großen Aufschwung erlebte. Die Pilgerzüge des 15. Jahrhunderts mit den harten Fußmärschen, dem Übernachten in den Kirchen und den flehentlichen Hilferufen in den Nöten eines unruhigen Jahrhunderts können wir uns kaum noch vorstellen, wenn auch

60 BROWE, Eucharistie, S. 17–25 sowie 26–28; BROWE, Wunder, 49–70.

61 HONEMANN, Wilsnack, Sp. 1171–1178.

62 MEUTHEN, Vorabend, S. 64.

63 SATTLER, Chronik, S. 153 f.

der Andechser Chronist von 1472 wohl ein wenig übertrieben hat mit seiner Behauptung von mehr als zweitausend Wundern in kurzer Zeit: *hoc est ab a.d. 1454, usque ad praesentem annum videlicet 1472 plus quam duo milia miraculorum*[64].

Der Anspruch auf das Erbe der Grafen von Andechs

Die Andechser Klostergründung unterscheidet sich in mancher Hinsicht von anderen mittelalterlichen Klostergründungen. Diese fanden, abgesehen von den Gründungen der Bettelorden in den Städten, einige Jahrhunderte früher in Gebieten statt, die durch diese Klöster erst entwickelt wurden. Die Geschichte dieser Gebiete war mit der der Klöster identisch. Wenn diese Klöster auch ihre Gründungsgeschichte und -legenden pflegten und in Krisenzeiten ihre Ursprünge und Stifter herausstellen mussten, so waren sie nur im hohen Mittelalter gezwungen, ihre Existenz literarisch zu rechtfertigen. Urkunden mussten als Rechtsbeweis dienen. Im späten Mittelalter gab es dazu im allgemeinen keinen Anlass mehr, weil Existenz und rechtliche Situation der Klöster im allgemeinen nicht mehr in Frage gestellt wurden.

In Andechs war die Situation völlig anders. Das Hauskloster, der Verwaltungssitz und die Grablege der Andechser Grafen war seit seiner Gründung im 12. Jahrhundert das Augustiner-Chorherrenstift Dießen. 1231 hatten die Andechs-Meranier dem Markt sogar die Stadtrechte verliehen. Ihr Aussterben im Jahre 1248 zog den Niedergang des Ortes mit sich. Nach einigen Jahrzehnten verfiel auch das Chorherrenstift. Bis in die Mitte des 15. Jahrhunderts, also fast zweihundert Jahre lang, litt es unter dem Niedergang der klösterlichen Zucht, unter Misswirtschaft, Kriegswirren, Hunger und Pestzeiten. Erst der Reformer Johannes Schön, der 20. Dießener Propst (1460—1474), setzte mit Energie die Neuordnung des Klos-

---

64 Brackmann, Wallfahrt, S. 17

terwesens durch, aber erst nach der Gründung und Konsolidierung des Benediktinerklosters auf dem *Heiligen Berg*.

Von der Zeit der Auffindung des Reliquienschatzes bis
über die Gründungsphase des Klosters Andechs hinaus befand
sich das Dießener Stift also in einer Phase des schon lange an-
dauernden Niedergangs[65]. So hatten die Dießener Augustiner-
Chorherren es schwer, Anspruch auf das Erbe der Andechser
Grafen, d.h. den Reliquienschatz zu stellen, obwohl der Andechser Berg, seit er in Wittelsbacher Hand war, bis zur Gründung des Chorherrenstifts im Jahre 1438, des Vorgängers des
späteren Benediktinerklosters, unter ihrer Verwaltung stand.
Dies war die für Andechs so bedeutsame Zeit der Rückkehr des
Reliquienschatzes, des Kirchenbaus und der Erstellung der
Vorläuferin der Andechser Chronik, der sog. *Regestensammlung*. Aber erst nach der Andechser Klostergründung wurde
das Augustiner-Chorherrenstift Dießen in den 60er Jahren
des 15. Jahrhunderts reformiert, geordnet und saniert. In diese
Zeit fällt auch der Vorschlag Thomas Pirkheimers, des letzten
Propstes des Andechser Kollegiatsstifts, der Herzog Albrecht III. sehr nahe stand, Andechs in ein Stift zurückzuver-
wandeln und es mit Dießen zu vereinigen[66].

Für das kleine, neu gegründete Benediktinerkloster war es
also gar nicht so selbstverständlich, die Ansprüche auf das Andechser Erbe, den Reliquienschatz, aufrecht zu erhalten. Diese
mussten dargelegt, gerechtfertigt und gewissermaßen juris-
tisch untermauert werden. Handelte es sich doch um einen
Fund, der an Wert die meisten Kirchenschätze des Landes
überragte[67]. Die Andechser Ansprüche waren nur durch die
Einträge des *Andechser Missale* legitimiert[68]. Eine Chronik, die
eine klare und nachvollziehbare Geschichte bot, sollte die Ansprüche des Klosters belegen.

65 DIETRICH, Dießen, S. 8f.

66 MÄRTL, Albrecht III., S. 25;
MÄRTL, Damennstifte, S. 378f, stellt
die Aktivitäten Thomas Pirkheimers
als päpstlicher Referendar in dieser
Zeit dar.

67 SCHÜTZ, Andechs-Meranier,
S. 165f.

68 BRACKMANN, Wallfahrt, S. 13f,
der aufzeigt, dass die Eintragungen
in das Andechser Missale einen
Versuch darstellen, die Reliquien
für Andechs zu reklamieren.

3   DIE ANDECHSER CHRONISTIK

Die Klosterchronik im ausgehenden Mittelalter

Bis zum 11. Jahrhundert griffen Konventualen, von wenigen Ausnahmen abgesehen, nicht zur Feder, um die Geschichte ihres Klosters zu schreiben. Im 11. Jahrhundert tritt in dieser Hinsicht ein bedeutender Wandel ein. Die Nonnen und Mönche wollten nun die Rechte der Klöster gegen die Anfechtungen der Welt auf Dauer sichern: Gründungsgeschichten und -erzählungen wie Gründungsprotokolle, die in urkundlicher Form von den Anfängen des Klosters berichten, sollten die rechtliche Unanfechtbarkeit der Gründung demonstrieren.

Außerdem bildete sich noch eine weitere Kategorie der Historiographie heraus. Seit der 2. Hälfte des 11. Jahrhunderts gründeten Adelsfamilien, die dabei waren, sozial aufzusteigen, in oder bei ihren Stammburgen Hausklöster. In diesen Klöstern begann man, die Geschichte dieser Gründungen zu schreiben und dabei auch die Familie des Gründers zu berücksichtigen. So spiegeln sich in dem Heraufkommen einer inhaltlich neuen Quellengattung die Wandlungen auf politischem, sozialem und rechtlichem Gebiet, die das Reich im 11. und beginnenden 12. Jahrhundert durchlebt hat. Die politische und rechtliche Aufwertung des Adels im Verfassungsgefüge des Reichs musste sich auch in der Historiographie niederschlagen[69].

Die in der Mitte des 11. Jahrhunderts aufgezeichnete Chronik des Klosters Ebersberg repräsentiert eindeutig den Typ der Stifterchronik und darf als eines der frühesten Schriftstücke dieser literarischen Gattung bezeichnet werden. Der

---

69   Patze, Klosterchronik, S. 89–109.

Verfasser, wahrscheinlich Abt Williram (1048—85), beginnt seine Erzählung im Jahr 906 und setzt mit der Geschichte der Grafen von Ebersberg ein, nicht mit der Klostergeschichte. Erst dann beschreibt er die Gründung des Klosters. Gleichsam nahtlos verbindet der Verfasser damit die Geschichte der Familie, die er im laufenden Fortgang in allen ihren Gliedern verfolgt. Obwohl die Andechser Chronik von 1472 fast 400 Jahre jünger ist, weist sie all diese Eigenschaften auf.

Im Spätmittelalter nimmt dagegen die Betonung der Frömmigkeit der Stifter als erbauliche Vorbilder für den Konvent breiten Raum ein. Sie bestimmt schließlich die Gründungsberichte immer stärker. Da die Existenz der Klöster und Stifte gesichert war, verschob sich das Motiv der Chronikerstellung ganz auf die Betonung der Frömmigkeit. Ende des 15. Jahrhunderts kam wiederum ein neues Element in die Chronistik. Die Reformbewegungen vor allem der Bursfelder und Windesheimer Kongregationen gaben Anstöße für eine historische Rückbesinnung auf die Geschichte sowohl der Orden als auch einzelner Klöster[70]. Das *Andechser Missale,* die Vorlage für die aufgrund ihrer Konzeption in die Neuzeit weisende Andechser Chronik, ist aber noch ganz deutlich der hochmittelalterlichen Klosterchronik und ihren Kriterien nachempfunden.

Das Andechser Missale von 1388

Die Einträge im sog. *Andechser Missale* aus dem Fund von 1388 bilden die Vorlage für alle Darstellungen, die im 15. Jahrhundert zur Geschichte des Klosters und seines Reliquienfundes entstanden[71]. Das Messbuch, im 10. Jahrhundert an einem unbekannten Ort geschrieben, war im Lauf der Zeit unansehnlich geworden. Es scheint seit längerem nicht mehr benutzt gewe-

70 PATZE, Stifterchronik, S. 66 f.
71 BSB München Clm 3005. Im folgenden werden die Einträge des Andechser Missale zitiert nach der

Edition bei R. BAUERREISS, Einträge, S. 52–90 und S. 433–477.

sen zu sein. Als man dessen Schrift nicht mehr lesen konnte, diente es dazu, wie es damals üblich war, den Bedarf nach dem kostbaren Pergament zu decken und wurde an allen freien Stellen beschrieben. Die Aufzeichnungen, die drei Schreiber um das Jahr 1388 oder wenig später anfertigten, waren ebenso eindrucksvolle wie phantastische Geschichten[72]. Verteilt über das ganze Missale finden sich Berichte, Abschriften von Urkunden und Briefen, welche die Geschichte der aufgefundenen Reliquien beschreiben sollen. Vom ersten Schreiber stammt die Abschrift eines Briefes, den Bischof Otto der Heilige von Bamberg (1102—1139) angeblich 1102 zu Zeiten eines Königs Konrad, an seinen Vater, Graf Berthold von Andechs und an seinen Bruder, Markgraf Berthold von Istrien geschrieben hatte, der sog. Ottobrief[73]. Papst Leo[74] habe, so ist dort zu lesen, ein von Papst Gregor I. (590—604) geweihtes Altarsakrament übersandt, das überall, wohin es gebracht wurde, Not und Elend vertrieben hätte und nun den Andechser Verwandten des Bischofs als Heiltum dienen sollte.

Die Herkunft der Reliquien und das Schicksal des Andechser Burgbergs beschreibt ein zweiter Schreiber. Graf Rasso[75] habe ein Kloster in Grafrath gegründet. Die Mönche hätten die von ihrem Wohltäter gesammelten Reliquien auf den Heiligen Berg gebracht, als Herzog Arnulf der Böse das Kloster zerstörte. Dieser Schreiber berichtet auch von einem Grafen Leupold von Andechs[76], dessen Sohn 1066 die Tochter Kaiser Konrads II. geheiratet hätte und der als Kaiser Heinrich III. zur Herrschaft gelangt sei. Kaiser Heinrich III. soll ein

72 Schütz, Andechs-Meranier, S. 166f.

73 Der Schreiber verwechselte Bischof Otto I., den Heiligen, mit einem seiner Nachfolger Bischof Otto II. von Andechs (1177–1196). Dieser war Sohn des Markgrafen Berthold III. (1137–1188) von Istrien und Bruder des Graf Berthold IV, Herzog von Meranien (1172–1204).

74 gemeint war Leo IX., 1048–1054.

75 Hier handelt es sich um den legendären, historisch kaum fassbaren, Begründer des Andechser Reliquienschatzes.

76 Mit dem Grafen Leupold könnte Markgraf Luitpold gemeint gewesen sein, der Stammvater der Luitpoldinger, der 900 die Ungarn besiegt hatte und 907 mit dem Großteil des bayerischen Adels bei Pressburg gefallen war.

Benediktinerkloster auf dem Heiligen Berg gegründet haben, wie später noch einmal Graf Berthold von Andechs. Außerdem wird von Wallfahrten berichtet, die Andechser Familienangehörige angeordnet hätten, sowie von der Vergrabung der Reliquien, den Kämpfen der Andechser mit den Grafen von Scheyern und der Vergiftung Markgraf Heinrichs IV. von Istrien (1194—1228), des angeblich letzten Andechsers. Über die Herkunft des Missale hieß es, dass es zur Zeit Herzog Rudolfs I. von Bayern durch Bruder Konrad von Hornstein, einem Mönch auf dem Petersberg bei Rosenheim, nach Andechs gebracht worden sei, nachdem ein Vorfahre Konrads das Buch zu seinem Seelenheil vor langer Zeit erworben hätte. Ein dritter Schreiber trug schließlich einen Schutzbrief Herzog Ludwigs des Strengen und eine Bestätigungsurkunde Kaiser Ludwigs des Bayern für die Kapelle auf dem Heiligen Berg in das *Missale* ein[77]. Daraus ging hervor, dass der Kaiser noch im 14. Jahrhundert von den Heiltümern und ihrer Geschichte gewusst habe, auch wenn ihm sein Versteck nicht bekannt gewesen sei. Er habe befohlen, diese Einträge im Missale festzuhalten, damit auch seine Nachkommen den Berg zu Andechs in Ehren hielten.

Wer den Aufzeichnungen Glauben schenkte, musste annehmen, dass es sich bei dem Schatz in der Kapelle nicht um einen verdächtigen Zufallsfund handelte, sondern dass man einen Schatz gehoben habe, der zwar seit langem verschollen und in Vergessenheit geraten war, von dem man aber noch am Beginn des 14. Jahrhunderts, zu Zeiten Kaiser Ludwigs des Bayern, gewusst hatte. Das Missale vermittelte die Erkenntnis, dass die Nachkommen Kaiser Ludwigs, die wittelsbachischen Herzöge, keine Ansprüche an den Fund stellen konnten, weil ihr Vorfahr diesen im Wissen um die Lage des Schatzes aufgegeben hätte.[78] Damit sollte fest stehen, dass die Ebersberger Mönche die wahren Hüter des Schatzes und die Betreuer der

---

77 Brackmann, Wallfahrt, S. 28–31.
78 Als einer der Rechtsnachfolger in den bayerischen Besitzungen der Andechs-Meranier gab Kaiser Ludwig der Bayer das Patronatsrecht über die Kapelle St. Nikolaus auf dem Berg Andechs 1317 an das Kloster Ebersberg.

zukünftigen Wallfahrt zu sein hatten. Die Erregung über den drohenden oder schon erfolgten Abtransport der Reliquien nach München gipfelte in der Fluchformel der Hadriansurkunde, dass jeder verdammt und exkommuniziert werde, der es wage, den Schatz aus Andechs zu entfernen.

Diese Eintragungen stellten den Versuch dar, die Reliquien für Andechs zu reklamieren. Nur so erklären sich die scharfen Angriffe gegen die Familie der bayerischen Herzöge, die Grafen von Scheyern.

Über den Traktat des Johannes von Gubbio (1392) und die Regestensammlung (1429) zur Andechser Chronik (1472)

Der Fund vom 26. Mai 1388 in der Andechser Kapelle besaß einen solch unermesslichen Wert, dass die Obrigkeit begehrlich wurde. Als Fälschung waren die Einträge im Missale mit den damals zur Verfügung stehenden Mitteln kaum erkennbar. Die bayerischen Herzöge, die Brüder Stephan III. (1375—1413), Friedrich I. (1375—1393) und Johann II. (1375—1397) machten ihre Ansprüche geltend. Sie fühlten sich als Rechtsnachfolger der Andechser. Sie waren die Landesherren, denen die Bodenschätze gehörten. Ihr Drängen war so groß, dass der Abt von Ebersberg sich entschloss, den Fund in sein Kloster zu bringen, wozu er sich berechtigt fühlte[79]. In München hatte man inzwischen bei dem päpstlichen Legaten und Theologieprofessor Johannes von Gubbio, der sich gerade in Deutschland aufhielt, ein Gutachten in Auftrag gegeben[80]. Mit der Autorität des bei Bonifaz IX. (1389—1404) in hohem Ansehen stehenden Theologieprofessors sollten die Ansprüche der bayerischen Herzöge rechtlich untermauert werden. In

---

79 Schütz, Andechs-Meranier, S. 171–173.
80 Der Dominikaner war 1394 als päpstlicher Legat und Kreuzzugsprediger in Oberitalien und im südöstlichen Deutschland tätig; denn als terminus ad quem für die Abfassung des Traktats steht der Tod Herzog Friedrichs am 4. Dezember 1393. Wie die an ihn gerichteten Schreiben von Bonifaz IX. beweisen, spielte er unmittelbar darauf eine bedeutende politische Rolle im Südosten des Reiches und in Oberitalien.

ihm wurden nicht nur die Gründe dargelegt, die für die Echtheit des Fundes sprachen, sondern gleichzeitig die Verdienste des wittelsbachischen Hauses um die christliche Religion hervorgehoben. Von Ebersberger Ansprüchen auf die Heiltümer war nicht mehr die Rede. Man konnte also das Gutachten den päpstlichen Behörden vorlegen.

Mit seinem Bericht über die lange glänzende Vorgeschichte der Reliquien, den Johannes den Herzögen erstattete, schuf er die Grundlagen für die Verehrung der Reliquien. Bei der scharfen Verurteilung derer, die nicht an die Reliquien glauben wollten, hatte er sicher im Einverständnis mit den bayerischen Herzögen gehandelt.

Der Traktat sollte den doppelten Zweck erfüllen: die Echtheit der Andechser Reliquien zu erweisen und die Wittelsbacher Herzöge zu verherrlichen. Letzteres steht im direkten Gegensatz zum Andechser Missale, in dem die Grafen von Scheyern — und damit indirekt die Münchener Herzöge — scharf angegriffen wurden[81].

Johannes von Gubbio war der Erste, der die Einträge des Missale in eine zusammenhängende, gut lesbare Form brachte. Er beschrieb in zehn Abschnitten, wie die wundertätigen Hostien entstanden und nach Andechs gekommen waren. Sein Werk war sicher nicht ohne Einfluss auf spätere Chronisten und auf die Art und Weise, wie man dem Reliquienschatz in der Folgezeit literarisch gerecht wurde.

Fast vierzig Jahre liegen zwischen diesem Traktat und der zweiten völlig anders gearteten Zusammenfassung der zusammenhangslosen Einträge des Andechser Missale. Wir kennen den Verfasser nicht. Wahrscheinlich war es aber ein Dießener Augustiner Chorherr oder jemand, der dem Augustiner-Chorherrenstift nahe stand. Herzog Albrecht hat die Sammelhandschrift im Jahre 1456 durch seinen Sekretär Albrecht Hosch kopieren lassen. Diese *Regestensammlung*, wie Sattler den Text zu Recht nennt[82], wurde nicht nur bis zum Erscheinen einer gedruckten Chronik, sondern bis ins 18. Jahrhundert hinein

---

81 BRACKMANN, Wallfahrt, S. 11f.
82 SATTLER, Chronik, S. 86–111.

abgeschrieben, weil sie einer gewissen Originalität nicht entbehrt[83].

Die neue Zeit zeigt sich bereits in der Einleitung der Chronik von 1472. In humanistischem Geist, nach dem ein Geschichtswerk sich auf Quellen zu stützen habe, die chronologisch aufgeführt werden, wird der Leser hier darauf aufmerksam gemacht, dass das Werk nicht auf unbewiesenen Legenden beruht, sondern auf Schriften und Urkunden, die nicht anzuzweifeln sind. Dabei wird die Argumentationslinie des Cusanus fortgeführt, der die Andechser Reliquien deshalb als echt bezeichnete, weil sie durch alte Urkunden bestätigt worden seien.

Den Zahlen, die der Schreiber dem Missale entnimmt, setzt er neue hinzu, z.B. das Jahr 1220, mit dem er die Teilnahme des letzten Andechser Grafen Heinrich am Kreuzzug datiert, sowie das Jahr 1228, als nach seiner Ansicht die Grafen von Scheyern Andechs in Besitz nahmen und die Reliquien mit den zwei *membranulae* vor der Vernichtung gerettet wurden. Zwei Mönche namens Isaac und Jacob hätten sie in einer hölzernen Kiste unter dem Altar der Kapelle vergraben. Auf demselben Blatt setzt er das Jahr 1310 für den Wiederaufbau der Kapelle an, als Konrad von Hornstein aus dem zerstörten Kloster Madron gekommen sei und ein Schutzprivileg Kaiser Ludwigs des Bayern erhalten habe. Man erkennt hier deutlich das Bemühen, die vorliegenden Quellen in eine chronologische Reihenfolge zu bringen. Die anrührende Geschichte, dass eine Maus durch einen Papierzettel auf den Heiltumsschatz hingewiesen hätte, ist eine originelle Idee, die erstmals in dieser Chronik, achtzig Jahre nach Auffindung des Schatzes, auftaucht. Schwierigkeiten hatte der Chronist mit der doppelten Reliquienvergrabung im Text des Missale, der ersten im Jahre 1130 während der Abwesenheit des Grafen Berchtold und der zweiten bei der Belagerung durch den Herzog von Sachsen im Jahre 1310. Er umging sie mit der Bemerkung, jene seien in einem Sarkophag aus Blei vergraben und bis zum heutigen

---

83 BRACKMANN, Wallfahrt, S. 15–36.

Tage noch nicht wiedergefunden worden. Umfangreichere Angaben fügt er erst hinzu, wenn er auf die Zeit nach der Wiederauffindung der Reliquien im Jahre 1388 zu sprechen kommt. Sowohl bei den Angaben über das Anrecht des Klosters Ebersberg an Andechs als auch in seinem Bericht über die Gründung des Kollegiatsstiftes im Jahre 1388 und über dessen Umwandlung in ein Benediktinerkloster im Jahre 1455 stützt er sich auf das Urkundenmaterial des Klosters. Er schließt mit dem Tode des Herzogs, einer Aufzählung seiner Söhne und einem Abschnitt über die Ablässe, die das Kloster erhielt. Dann folgen in der Handschrift einige Abschnitte über die Geschichte des *sacramentum Gregorii*, über die Messen, die in Andechs gehalten werden etc. Ein Kapitel, in dem die Ablässe und deren Bestätigungen aufgeführt werden, folgt. Wurde eingangs die Methode der Darstellung des Werkes aufgezeigt, so wird hier konkret das anvisierte Leserpublikum angesprochen. Der zunehmenden Zahl der *literati* wird der Vorteil einer Wallfahrt und deren geistlicher Nutzen demonstriert[84].

Die Augsburger Vorbilder

Die wesentlichen Impulse für die Weiterentwicklung der Einträge des *Andechser Missale* und der *Regestensammlung von 1429* zu einer Chronik nach unserem heutigen Verständnis, aufgebaut aus zeitlich geordneten Quellenaussagen, scheinen für den Andechser Konvent aus Augsburg gekommen zu sein. Die aufblühende und weltoffene Reichsstadt gehörte zu den deutschen Städten, die nicht nur früh, sondern auch besonders nachhaltig vom Humanismus der Renaissance geprägt wurden. In der 2. Hälfte des 15. Jahrhunderts stieg Augsburg zu einem der geistigen Zentren nördlich der Alpen auf. Die größte kulturelle Blüte Augsburgs fällt in diese Zeit. Die Stadt nahm eine wichtige Brückenfunktion bei der Vermittlung humanistischer Ideen zwischen Süden und Norden ein. In Kreisen des städti-

84 Der vollständige Text der Chronik findet sich im Anhang.

schen Patriziats fanden sich Persönlichkeiten, die sich in Italien an der Antike, ihrer Sprache, Kunst- und Lebensform begeisterten und diese Schätze ihren Landsleuten zu vermitteln suchten[85]. Als Hartmann Schedel 1455 als Stadtarzt nach Augsburg kam, erhielten die humanistischen Bestrebungen neuen Auftrieb. Schedel hatte vorher am Hofe des Bischofs von Eichstätt, Johann von Aich, gelebt, welcher mit Enea Silvio Piccolomini, dem späteren Papst Pius II., eng befreundet war.

In Augsburg bildeten sich die Anfänge einer humanistischen *Sodalität*.

Kirchliche Kreise öffneten sich zunehmend dieser Geistesrichtung. Eine bedeutende Rolle spielte, neben dem Hof des Kardinals mit dem Domkapitel, die Benediktiner-Reichsabtei St. Ulrich und Afra. Diese pflegten zusammen mit einer dem Zeitgeist aufgeschlossen herrschenden Schicht des Bürgertums einen Humanismus, der sich u. a. in den Klosterreformen niederschlug[86]. Kardinal Peter von Schaumburg (1424—1469), der weltoffene Humanist und Kirchenreformer, der in Bologna studiert und am päpstlichen Hof *sowohl Weltklugheit als auch feine Bildung kennen gelernt hatte,* genoss in humanistischen Kreisen einen guten Ruf. Abt Melchior von Stammheim (1458—1472), der Führer der Melker Reform im süddeutschen Raum, schuf eine große Bibliothek, richtete im Kloster eine Officin ein und plante eine Studienanstalt für sämtliche Benediktinerstifte[87].

Für das erste Jahrzehnt des Buchdruckes in Augsburg waren das Benediktinerkloster St. Ulrich und Afra und dessen Abt Melchior von Stammheim von zentraler Bedeutung. Fast alle wichtigen Drucker, die im 15. Jahrhundert in Augsburg arbeiteten, standen in Beziehung zu den Benediktinern. Für kurze Zeit besaß das Kloster sogar eine eigene Druckerei. Das

---

85 ISERLOH, Humanismus, S. 732f.
86 SCHMIDT, Reichenau, S. 40. Er bedauert, dass die bisherigen Forschungen noch kein genaues Bild des Augsburger Humanismus vermitteln, weil der größte Teil der Augsburger Handschriften des 15. und frühen 16. Jahrhunderts unbearbeitet und unerschlossen in der Staats- und Stadtbibliothek Augsburg liegen.
87 KÜNAST, Buchdruck, S. 4f. und THOMA, Petrus, S. 168f.

Kloster war unter Melchiors Führung zu einem bedeutenden Zentrum humanistischer Klosterkultur geworden.

In einer späteren Chronik werden ganz handfeste Gründe für dessen Begeisterung für den Buchdruck genannt: Auf dem Wege des Tausches könne man nämlich eine große Menge Bücher für die eigene Bibliothek erwerben. Die traditionell hohe Bewertung der Schreibkunst als speziell monastische Tätigkeit wird auf die neue Druckkunst mit Textgestaltung, Korrektur, Rubrizieren und Binden übertragen. Die Reformbewegung der Kirche ging mit dem frühen Buchdruck, vor allem in Augsburg, eine Symbiose ein. Die Vertreter des Humanismus und der Kirchenreformen, die untereinander enge persönliche Kontakte unterhielten, wollten mit dem Erzeugnissen des Buchdrucks die Gläubigen erreichen, um ihre Ziele umzusetzen[88].

In diesen humanistischen Kreisen stellte man sich auch die Frage nach dem Ursprung der Stadt Augsburg. In Sigismund Meisterlin (ca. 1435—1497) fand man den gesuchten Geschichtsschreiber. Er war Benediktinermönch in St. Ulrich und Afra und wohl um 1450 in das Kloster eingetreten. 1456 hatte er dort Profess abgelegt und hielt sich wiederholt zu Studienzwecken in Italien auf, u. a. im Reformkloster St. Justina in Padua. Sein Wissensdrang, seine Vorliebe für historische Arbeiten, aber auch sein Einsatz für die Klosterreform ließen ihn zwischen 1462 und 1481 ein rastloses Wanderleben führen[89].

Die Andechser Autoren

Vieles spricht dafür, dass die Andechser Mönche bei ihren guten Beziehungen zu St. Ulrich und Afra in Verbindung zu Sigfried Meisterlin standen. Anlage und Konzeption ihrer Geschichtsschreibung lassen den Schluss zu, dass sie von der ihres Augsburger Mitbruders nachhaltig beeinflusst war. So ist sowohl die Entstehung der Andechser Chronik von 1472 als

88 SCHMIDT, Klosterdruckerei, S. 143f.

89 JOACHIMSON, Meisterlin, S. 16–23.

auch ihr Druck nur durch die enge Verbindung von Andechs zu Augsburg und St. Ulrich und Afra erklärbar.

Der kleine Gründungskonvent, der sicher mit beträchtlichen Aufbauarbeiten belastet war, nahm sich, neben seinen geistlichen Verpflichtungen, noch Zeit für zusätzliche literarische Arbeiten. Neben ihren klösterlichen und sonstigen religiösen Obliegenheiten wie Beichthören, Predigen etc. waren die Andechser Mönche wenigstens zum Teil literarisch produktiv. Der Literatur des Klosters, seinem Besitz an Schriftwerken und dessen Inhalt und Eigenart nach, war die geistige Einstellung des neuen Klosters von den Tegernseer Verbindungen zur Wiener Universität und zu Melk geprägt. Von Nikolaus von Kues stammte sowohl der scholastische, als auch der mystische Zug der ausgewählten Materien, beide geprägt durch ein streng monastisches, reformatorisches Element.[90]

Sobald der junge Konvent 1458 selbständig wurde, ging er jedoch zunehmend einen gemeinsamen Weg mit dem Augsburger Kloster St. Ulrich und Afra. Die Mönche der zweiten Generation des jungen Klosters, die in den sechziger Jahren des 15. Jahrhunderts den Konvent verjüngten, ließen sich von dessen dynamischen Abt Melchior und seiner Reformbegeisterung mitreißen. So schrieben sie ein neues Kapitel der Klostergeschichte. Die Verehrung des sog. *Heiligen Schatzes* und die Wallfahrt bildeten nach wie vor den geistlichen Mittelpunkt des Klosters und den Gegenstand ihres literarischen Arbeitens, bestimmt von der Geschichte der Andechser Grafen und der eigenen Klostergründung. Die frühhumanistischen Vorbilder aus dem befreundeten Augsburger Kloster St. Ulrich und Afra wie Siegfrid Meisterlin zeigten aber neue Wege auf, die sowohl das ganze Quellenmaterial, das sich im Kloster angesammelt hatte als auch das Medium des aufkommenden Buchdrucks heranzogen. Aus dem Kreis dieser Konventualen stammt aller Wahrscheinlichkeit nach der Autor, der die Geschichte des Andechser Heiltumsschatzes und des jungen Klosters neu konzipierte. Im Jahre 1472 brachte er sein Werk zum Abschluss,

---

90   KRAFT, Studien, S. 235–255.

das handschriftlich in einer lateinischen und einer deutschen Fassung vorliegt und als Vorlage für die Drucke von 1472 und 1473 diente.

Der frühe Augsburger Buchdruck

Als Günther Zainer 1468 in Augsburg zu drucken begann, gab es nur in Mainz, Bamberg, Eltville Straßburg, Rom und in der Benediktinerabtei Subiaco Druckereien[91]. Er hatte bei Johannes Mentelin in Straßburg das Druckerhandwerk erlernt und war wahrscheinlich auf Einladung des Kardinals und Bischofs Peter von Schaumburg nach Augsburg gekommen[92]. Hier fand er alle Voraussetzungen vor, die für die Ausübung dieses Gewerbes erforderlich waren: Stempelschneider für die Lettern, Schreiner für den Bau einer Presse, Papiermühlen, Handschriften in den Klöstern und vor allem ein reich verzweigtes Handelsnetz, um die Drucke auch zu vertreiben. Eine solche Gründung erforderte einen hohen Kapitalaufwand und Risikobereitschaft. Das bekräftigt die Annahme, dass sich einflussreiche Kirchenkreise an der Finanzierung dieser ersten Druckerei in Augsburg beteiligten. Zainer übernahm anfangs die Augsburger Schriftformen für den Schnitt seiner Lettern. Schon bald verwendete er aber eine noch modernere Letter, die gerade in Venedig und Rom zum ersten Mal gedruckt worden war: die *Antiqua*. In einem Almanach für das Jahr 1472 nannte er auch den Grund: *Ne Italo cedere videamur* (— Damit es nicht scheint, als ob wir vor den Italienern zurückstehen würden —). Er wollte also auf großstädtischem Niveau sein. Dem entsprach auch der literarische Rang der von ihm herausgebrachten Werke. Wie alle Frühdrucker bemühte er sich, wichtige Bücher, die das mittelalterliche Weltbild geprägt hatten, nun auch in der neuen Form des *Schreibens mit beweglichen Lettern* heraus-

91   FÜSSEL, Gutenberg, S. 146.
92   Günter Zainer ist in den Steuerbüchern 1468 und 1469 nicht zu identifizieren. Das ist ein Indiz dafür, dass Zainer zunächst im Bereich kirchlicher Immunitäten wohnte, also seine Zuwanderung nach Augsburg durch die Kirche gefördert wurde.

zugeben.[93] In dem nach König *ersten gewichtigen Buch aus einer Augsburger Presse,* Günther Zainers *Catholicon,* das am 30. April 1469 herausgegeben wurde, wird im Schlussgedicht Bischof Peter von Schaumburg gepriesen, der die Voraussetzungen für dieses Buch geschaffen haben soll. Damit wird der unmittelbare Bezug zur Kirche deutlich. Nirgendwo ist der Einfluss der Reformbestrebungen des 15. Jahrhunderts auf den Buchdruck so deutlich wie in Augsburg. Der Augsburger Buchdruck sollte, obwohl die Stadt wirtschaftlich außerordentlich schwierige Zeiten durchlebte, eine stürmische Entwicklung nehmen. Zwischen 1468 und 1478, dem Todesjahr von Günther Zainer, wurden neun Druckereien gegründet, die meist, wegen der übergroßen Produktionskapazitäten nicht überlebten. 287 Werke wurden in diesem Zeitraum gedruckt.[94]

Johann Schüssler, der ab 1470 als zweiter Drucker in Augsburg tätig war, verkaufte schon 1472 seine Pressen an das Reichskloster St. Ulrich und Afra. Abt Melchior von Stammheim hatte gegen viele Widerstände die Einrichtung einer Klosterdruckerei durchgesetzt. Die traditionell hohe, fast religiöse Bewertung der Schreibkunst als spezifisch mönchische Tätigkeit hatte in St. Ulrich und Afra zum Aufblühen einer bedeutenden spätmittelalterlichen Schreibschule geführt. Diese wurde nun auf die Druckkunst übertragen. Die neue Technik kam aber auch dem Anliegen der Kirchenreformer, liturgische Schriften zu vereinheitlichen, entgegen. Mit dem Tod des Abts im Jahre 1473 endete allerdings die massive Förderung des Buchdrucks durch die Kirche. Die Drucklegung lateinischer Bücher ging zugunsten deutschsprachiger Literatur drastisch zurück[95].

Nach dieser Aufbauphase etablierte sich das *Schönsperger-Netz,* ein Zusammenschluss von Buchdruckern, -bindern und -führern, deren Geschäftsverbindungen durch Verwandtschaft und Heirat gefördert wurden. Für mehr als zwanzig Jahre sollte

---

93 BELLOT, Frühdrucker, S. 5f.
94 KÜNAST, Entwicklungslinien, S. 11. Zur Papierproduktion vgl. SCHMIDT, Papierherstellung, S. 73–96.

95 SCHMIDT, Klosterdruckerei, S. 143.

es den Augsburger Buchdruck prägen und 30 bis 40 Drucke im Jahr produzieren. 1472 heiratete der Buchdrucker Johann Bämler die Witwe Barbara, die Mutter des späteren Druckers Johann Schönsperger d. Ä. Aus der ersten oder zweiten Ehe Johann Bämlers ging eine Tochter Felicitas hervor, die den Buchdrucker Lukas Zeisenmair heiratete. Johann Schönsperger d. Ä., der bei seinem Stiefvater das Drucken erlernt hatte, war verschwägert mit dem Drucker Peter Berger, der nach seinem Konkurs bei Bämler wohnte und vermutlich auch arbeitete. Insgesamt gehörten diesem Beziehungsnetz über 20 Personen an. Innerhalb des Schönsperger-Netzes gaben die Drucker nicht nur Typen-und Illustrationsmaterial untereinander weiter, sondern koordinierten auch die Papierversorgung und vor allem der Buchvertrieb. Sie spezialisierten sich vornehmlich auf volkssprachliche Literatur, die durch Johann Bämler, seinen Stiefsohn Johann Schönsperger d. Ä. und deren Geschäftspartner eine bemerkenswerte Blüte erlebte[96].

Johann Bämler, Illuminator und Drucker in Augsburg

Die Schilderung eines Erlebnisses bei seiner Wallfahrt nach Rom im Heiligen Jahr 1450, als auf einer Tiberbrücke wegen einer Panik *mer dan zwey hundert menschen ertrungen wurden* ist das erste Ereignis, das wir aus dem Leben Johann Bämlers kennen. *Da bey bin ich Johannes Bämler selber gewesen / und des morgens auff dem gotzacker habe ich vil todter menschen sehen ligen. Got sey in allen genädig.* Er berichtet davon selbst in seiner 1476 erschienenen *Chronik von allen Kaisern, Königen und Päpsten*[97].

In den Augsburger Steuerlisten finden wir ihn erst 1453. Bis ins Jahr 1503 wurde er dort geführt. Wir wissen nicht, ob er in Augsburg oder in der Nachbarschaft geboren wurde[98].

96 KÜNAST, Entwicklungslinien, S. 12.
97 BSB München 2°Inc. c. a. 499t, J. BÄMLER, *Cronica von allen kaysern und kunigen*. In dieser von ihm teilweise selbst verfassten und herausgegebenen Kaiser- und Papstchronik beschreibt Bämler auch die Erlebnisse bei seiner Pilgerfahrt nach Rom.

1453 muss er mindestens 18 Jahre alt gewesen sein, weil er in den Büchern als erwachsener Steuerzahler geführt wurde. Seit 1453 ist er als Schreiber, von 1466 an als Illuminator und von 1472 an als Buchdrucker nachgewiesen. Aber auch als erfolgreicher Drucker wurde er in den Steuerbüchern, von einigen Ausnahmen abgesehen, immer als Schreiber bezeichnet[99]. Dies zeigt, dass die ersten Drucker ihre Tätigkeit als eine Form des Schreibens empfanden und ihre Tätigkeit mit *(ex)scribere* und nicht *imprimere* charakterisierten. Vielleicht übernahmen sie aber auch noch als Drucker Schreibaufträge[100].

Bämler rubrizierte viele Blätter für den kirchlichen Gebrauch. Für das *Buch von dem großen Alexander* eines Laienkunden Johann Hartlieb, das sich jetzt in der *Morgan Library* befindet, gestaltete er die goldbelegten Initialen. Auf diese Weise kam er mit der neuen Technik des Druckens in engen Kontakt. Er malte gedruckte Bücher aus, bei denen die Ausschmückung und gewisse Ornamente verlangt wurden. Vier noch vorhandene Straßburger Inkunabeln enthalten Bämlers signierte und datierte Rubrikation. Bämler hatte als Illuminator Erfolg. Er beschränkte sich auf wenige wirksame Effekte. Seine Arbeiten zeichnen sich durch einen sicheren Farbsinn aus. Mit großem Geschick hat er den Büchern Farbenpracht und flimmernden Glanz gegeben. Durchgehend von Bämler ausgemalte Bücher, wie die Wolfenbütteler Eggestein-Bibel gehören zum Schönsten, was die Frühdruck-Illuminierung im deutschsprachigen Raum geleistet hat[101].

Mit der Ankunft Günther Zainers in Augsburg, änderte sich viel. Zwischen 1468 und 1471 stellte dessen Werkstatt ungefähr ein Dutzend Drucke her, die alle nicht illustriert waren und des Rubrizierens bedurften. Möglicherweise war Bämler

98 Die Augsburger Steuerbücher geben nicht nur Auskunft über die Vermögens-und Besitzverhältnisse der Drucker, sondern auch über ihre Anwesenheit und Tätigkeit in Augsburg. Es ist dies die einzige Möglichkeit, Aufenthalt und Werdegang Bämlers in Augsburg nachzuweisen. In den Steuerbüchern wird er als

Bemler, Bamler, Bämler, Paemler, Bambler, geführt.
99 KÜNAST, Augspurg, S. 36–39.
100 NEDDERMEYER, Buch, S. 7.
101 KÖNIG, S. 197, der darauf hinweist, dass Bämlers Werk keineswegs ausreichend erforscht sei.

anfangs bei Zainer als Rubrikator beschäftigt. Einige Bücher, die Zainer 1469 druckte, enthalten Initialen, die typisch für Bämler sind. Allerdings können diese Bücher auch im Auftrag der Eigentümer und nicht des Druckers rubriziert worden sein. Eine spätere Zusammenarbeit zwischen den beiden ist unbestritten. Holzschnitte, die Zainer 1472 veröffentlichte, verwendete Bämler 1473 wieder[102].

Bämler, der in der Augsburger Schreibtradition verwurzelt war, schuf eine lokale Variante der handschriftlichen schwäbischen *Bastarda*. Sie gilt als Vorläuferin der sog. *Schwabacher*. Bämler bevorzugt im Unterschied zu Zainers italienisierenden Schriften die aus der regionalen, spätgotischen Schreibtradition hervorgegangene Schrift. Die einen unbeholfenen Eindruck vermittelnde Schrift, ist durch weit ausladenden Ober- und Unterlängen als *Bastarda* gekennzeichnet. Diese Type, die anscheinend nur in Ulm und Augsburg verwendet wurde, hat Bämler während seiner gesamten Schaffensperiode von 1472 bis 1495 benutzt. Deshalb ist es schwierig, die einzelnen Drucke zeitlich einzuordnen[103].

Bämler baute irgendwann vor April 1472 eine Druckerpresse auf, die dritte in Augsburg. Für einen Mann seines Hintergrunds war dies eine bemerkenswerte Leistung, weil Drucken nicht nur technische Kenntnisse, sondern auch beträchtliches Kapital erforderte. Die Steuern, die er bezahlte, zeigen, dass er, wenn auch nicht reich, so doch einigermaßen wohlhabend war. Bämlers Offizin lief gut. Er stattete seine, zum überwiegenden Teil deutschsprachigen Drucke mit Holzschnitten aus. 1475 versteuerte er ein Vermögen, das doppelt so groß war wie im Vorjahr. 1480, als der allgemeine Steuersatz um 25 % reduziert war, erhöhten sich, verglichen mit dem Vorjahr, seine Abgaben um 60 %. 1482 erweiterte er noch einmal seinen Betrieb, kurz bevor er eine Papiermühle baute oder erwarb[104].

---

102 EDMUNDS, Bämler, S. 33.
103 BORNSCHLEGEL, Schriftentwicklung, S.161f.
104 EDMUNDS, Bämler, S. 34.

In seinen Anfängen als Drucker arbeitete Bämler offensichtlich noch im Kloster St. Ulrich und Afra. In einem Exemplar seiner deutschen Ausgabe der Dialoge des Papstes Gregor I. von 1473, das sich heute in London in der *British Library* befindet, heißt es *im closter zu san Vlrich zu Augsburg*[105]. In diese Zeit fällt auch der Druck der ersten Ausgabe der Andechser Chronik. Seine eigene Arbeit begann mit einem kleineren Werk *Die Ordnung zu reden*, das er zuerst selbst rubrizierte. Es wurde ein Renner, den er immer wieder auflegte.

Andere Arbeiten folgten, inklusive seiner ersten datierten Produktion *Die Ordnung der Gesundheit (regimen sanitatis)*[106] vom 22. April 1472. Dieser Text gehört eigentlich zu einer Anthologie, die Bämler offensichtlich selbst zusammengestellt hatte. Im September des Jahres bot er drei verschiedene Ausgaben von Johannes Friburgiensis *Summa confessorum*[107] auf Deutsch an. Neben einer Version ohne Verzierung war das Buch auch mit dem frühest datierten ganzseitigen Einleitungsholzschnitt der Madonna mit dem Kind und einer holzgeschnittenen Initiale am Beginn des Textes ausgestattet. Die am besten ausgearbeitete Variante verfügte nicht nur über einen Einleitungsholzschnitt mit Initiale, sondern auch über rote Holzschnittränder auf den Textseiten. Gegen Ende des Sommers 1473 gab Bämler einen Prospekt heraus, der acht Titel in deutscher Sprache anbot. Bemerkenswert ist, dass sich die Andechser Inkunabeln nicht darunter befanden. Da es nicht sehr wahrscheinlich ist, dass die beiden Auflagen schon so bald nach dem Druck ausverkauft waren, liegt der Schluss nahe, dass das Kloster selbst den Vertrieb übernommen hatte.

Für Bämler war das Jahr 1474 deshalb bemerkenswert, weil er ein gutes Dutzend Bücher veröffentlichte, u. a. die deutsche Übersetzung von *Melusine* und eine nicht illustrierte Ausgabe mit dem Titel *Anschlag wider die Türken*. Für die Chronisten war das Jahr 1474 erwähnenswert wegen eines heftigen Sturms, *ein gross heftig wind*, der Augsburg am 29. Juni heim-

---

105 LEIPOLD, Bämler, S. 241.   **107** Hain 7367.
106 Hain 12068 und KLEMPERER, Bämler I, S:51.

suchte. Das Ereignis hatte auch für den Augsburger Buchdruck indirekte Folgen. Wegen der finanziellen Belastung in Folge des Einsturzes des unvollendeten Kirchenbaus von St. Ulrich und Afra, bei dem 34 Menschen getötet wurden, verkaufte das Kloster seine Offizin[108]. Dafür gab es aber auch andere Gründe; nicht nur, dass Abt Melchior von Stammheim, der große Förderer von Skriptorium und Buchdruck, nicht mehr an der Spitze des Klosters stand. Private Drucker, die dem Kloster nahe standen, wie Bämler und Zainer, konnten mittlerweilen den literarischen Bedarf befriedigen.

Die Bücher aus der Offizin Johann Bämlers waren entweder religiös-erbaulich oder wiesen belehrenden, aber auch rein unterhaltenden Inhalt auf. Sein Ziel war, wie er es in seiner *Chronik* formulierte, Bücher anzubieten, die gar *kurzweylich, nützlich und lieblich zu hören* (das Vorlesen spielte noch eine große Rolle) seien[109]. Sie erfreuten sich großer Beliebtheit, wie die zahlreichen Neuauflagen beweisen. In den 23 Jahren seiner Tätigkeit als Drucker gab er 160 bis 170 Bücher und Einblattdrucke heraus, darunter die von ihm selbst verfasste bzw. kompilierte *Chronik von allen Königen und Päpsten*[110].

Auf einigen Gebieten hat Bämler Neuland betreten, nicht nur mit der ersten gedruckten Klosterchronik, die er mit der *Chronik von Andechs* schuf. Verlegerische und künstlerische Pionierleistungen vollbrachte er auch bei einer seiner schönsten Ausgaben, Konrad von Megenbergs Buch der Natur[111]. Damit schuf er die erste Naturgeschichte, die in Deutschland gedruckt wurde. Die *Historie des Kampfes der Türken gegen die Christen oder Kreuzfahrt* beschrieb zum ersten Mal in gedruckter Form die Kreuzzüge. Auch die Verbindung von Text und beschreibenden Bildern, wie er es im *Alexanderbuch* von 1473 erstmals praktizierte, wurde erst im Anschluss an dieses richtungsweisende Werk gebräuchlich.

108 EDMUNDS, Bämler, S. 35.
109 GELDNER, Inkunabelkunde,
S. 78f.
110 EDMUNDS, Bämler, S. 36.
111 Hain 4041.

Von 1491 an gingen Bämlers Publikationen und damit seine Steuerzahlungen rapid zurück. Er druckte nur noch unregelmäßig. 1494 gab er gar nichts heraus. Dafür sind mehrere Gründe möglich. Vielleicht unterstützte er seinen Schwiegersohn Zeisselmair beim Aufbau von dessen Druckerei. Aber auch Altersgründe könnten für diesen Rückgang verantwortlich gewesen sein. Sein letztes bekanntes Werk erschien 1495. Ob sein Betrieb der doppelten Konkurrenz der jüngeren Generation der Drucker unterlag oder ob Krankheits- oder Altersgründe dafür verantwortlich waren, ist nicht bekannt. Nach 1495 wissen wir nichts mehr über Johann Bämler, außer dass er Steuern bis zu seinem Tod im Jahre 1504 bezahlte. Seine Töchter Felicitas und Regina, sowie seine Witwe Barbara überlebten ihn.

Über ihn selber wissen wir wenig. Das was sein Werk aussagt ist, dass Johann Bämler nach S. Edmunds zu den Persönlichkeiten gehörte, die mit Fleiß, Intelligenz und Scharfsinn den Übergang von der Handschrift zum gedruckten Buch verkörpern[112].

Die Andechser Chronik im Druck

Die Chronik liegt handschriftlich im Hauptstaatsarchiv München vor[113]. Diese bildete die Vorlage für die Inkunabeldrucke.

Das Andechser Exemplar der Inkunabel ist in einen farbig marmorierten Umschlag aus der Barockzeit gebunden. Auf den Innenseiten des Einbands befinden sich lateinische Notizen, beginnend mit dem Jahre 1508, Herkunft und Datierung des Werkes und Einordnung in die *Ephemerides Andecenses* betreffend. Auf der inneren Rückseite des Einbands wurde in der Barockzeit von Hand in einer schwer lesbaren Schrift der Text der fehlenden letzten Druckseite nachgetragen.

Von der Neuauflage von 1473 besitzt die Bayerische Staatsbibliothek drei Exemplare. Nur von einem kennen wir

112 Edmunds, Bämler, S. 36–39.   113 BayHStA München, KL Andechs Nr. 1.

die Herkunft. Es stammt aus dem Besitz des Humanisten Hartmann Schedel[114].

Der Erstdruck der Chronik weicht inhaltlich kaum von
der Handschrift ab, ebensowenig die Neuauflage von 1473.
Die Abweichungen weisen nur redaktionellen Charakter auf.
Allerdings treten bei der zweiten Auflage der Chronik erstaun-
liche orthographische und grammatikalische Unterschiede auf.
Mit Sicherheit war ein anderer Setzer am Werk. Er hatte von
Rechtschreibung und Grammatik eine völlig andere Auffassung. Die am meisten ins Auge fallenden Unterschiede sind die
verschiedenartigen Kürzungen, wobei in keiner der beiden
Ausgaben ein System erkennbar ist. Die überaus langen Sätze
der 1472er Ausgabe, durch eine Vielzahl von Virgeln geglie-
dert, wurden in der 1473er Ausgabe in wesentlich kürzere
Sätze mit einem groß geschriebenen Wort am Satzanfang um-
gestaltet. Insgesamt ergab das ein völlig anderes Schriftbild.
Die vier verschiedenen Schreibweisen *Andechs, Andex, anndechs* und *andechs* in der 1472er Ausgabe werden einheitlich zu
Andechs.

Durchgehend und systematisch werden, von einigen Ausnahmen abgesehen, in der Neuauflage im Gegensatz zu ihrer
Vorgängerin, alle Personennamen und geographischen Be-
griffe groß geschrieben. *Aus dem b* wurde sehr oft ein *p*, aus
dem *berg* ein *perg*. Das *c* wurde zu einem *k*. Aus *cristelich* wurde
kristelich und aus *cristenheit: kristenheyt.*

Die Gestaltung der meist aufwendigen Zierinitialen übernahmen in den spätmittelalterlichen Prachthandschriften nicht
die Schreiber, sondern Spezialisten, die Rubrikatoren. Dieses
Prinzip übernahm auch der frühe Buchdruck. Man druckte nur
den Text und ließ den Platz für die Anfangsbuchstaben frei.
Der Vergleich der beiden unterschiedlichen Ausgaben der Andechser Chronik von 1472 und 473 demonstriert die Entwicklung, die der Buchdruck in diesen Jahren nahm. Die Art der
Gestaltung der Initialen weist nämlich den größten Unterschied zwischen den beiden Ausgaben auf. Die 1472er Chronik

114 BSB 2°Inc. c. a. 171, 172, 173.

ist der Frühzeit des Inkunabeldruckes zuzuweisen. Zu Anfang eines Absatzes wurde, wie bei den Handschriften, Raum ausgespart für die Initialen, die im allgemeinen von einem Rubrikator von Hand gestaltet wurden. Die 1473er Ausgabe verfügt, von einigen Ausnahmen am Schluss des Textes abgesehen, die noch rubriziert wurden, über gedruckte Initialen aus dem für den Augsburger Buchdruck so typischen *Maiglöckchenalphabet*. Diese holzgeschnitzen Lettern auf blümchengemustertem Grund mussten in einem besonderen Arbeitsgang eingefügt werden, waren aber nicht mehr handgemalt. Die von Günter Zainer als Erstem benutzten, sog. *Maiblumen-Initialen*, beeinflussten den Augsburger Buchdruck nachhaltig.

In der Anlaufphase des Augsburger Buchdrucks war ein heftiger Streit zwischen den dort ansässigen Formschneidern und den Augsburger Erstdruckern um entstanden, wem das Recht zustünde, die Initialen herzustellen. Der Magistrat der Stadt sollte entscheiden, wollte oder konnte dies aber nicht. Er forderte die Vermittlung des für die neue Buchdrucktechnik aufgeschlossenen Abtes von St. Ulrich und Afra, Melchior von Stammheim. Günther Zainer, dem ersten Augsburger Buchdrucker, war es in der Folge anscheinend nur möglich, das verhängte Verbot zum Druck von Initialen zu umgehen, indem er den Formschneidern die Verfertigung der Anfangsbuchstaben samt Vignetten vertraglich zusicherte, eben auch dieser Maiglöckchenlettern[115].

Die augenfällige Verschiedenheit der beiden Ausgaben von 1472 und 1473 trifft auf Titel, Einleitungsholzschnitt und Kolophon im besonderen zu. In der Ausgabe von 1472 fehlen diese völlig. Wie schon erwähnt, besteht das kleine Werk ausschließlich aus dem Text der Chronik mit den Aussparungen für das Rubrizieren der Initialen.

In der Ausgabe von 1473 haben wir eine Inkunabel vor uns, welche die Entwicklung zum modernen Buch aufzeigt. Der Buchdruck hat eine notwendige Verbesserung eingeleitet, was die Formulierung und Normierung von Buchtiteln betraf. Nun

115 BORNSCHLEGEL, Schriftentwicklung, S. 168–170.

setzte sich allmählich der Titel in Form eines Schlagwortes oder auch mehrerer Worte durch. Das ist auch bei der Ausgabe von 1473 der Fall. Über den Einleitungsholzschnitt ist zu lesen: *Der heylig perg ze Andechs in Payern fünf meil von München.*

Dieser Einleitungsholzschnitt war eine weitere Neuerung, die die Handschriften nicht kannten und die sich im frühen Buchdruck nur langsam durchsetzte. Johann Bämler hat seine Werke, beinahe von Anfang an, mit blattgroßen Einleitungsholzschnitten ausgestattet, allerdings noch nicht bei der ersten Ausgabe der Andechser Chronik. Diese großformatigen Holzschnitte übernehmen in vielerlei Hinsicht Funktionen, die später das Titelblatt erfüllen sollte, wie z.B. Buchankündigung, Leserwerbung und Hinführung zum Inhalt. So wie es bei den Handschriften üblich war, die erste Textseite möglichst reich und prachtvoll mit Initialen und Randleisten zu schmücken, ist der Einleitungsholzschnitt von Anfang an Gegenstand der künstlerischen Gestaltung, geprägt von den traditionellen Bildthemen und -formen der Buchmalerei. Die Ausgabe von 1473 schmückt ein Einleitungsholzschnitt, der typisch für den *Bämler-Meister* ist[116]. Hier handelt es sich eindeutig um die Hinführung zum Hauptthema der Schrift, den Andechser Reliquienschatz. In einem ovalen, oben und unten spitz zulaufenden Rahmen ist unter der Überschrift eine Monstranz dargestellt, die mit gotischen Türmchen verziert ist. Im Zentrum befinden sich drei Hostien, die obere durch ein Kreuz geschmückt. Es handelt sich offensichtlich um die heute noch in Andechs verwahrte Monstranz, die Herzog Albrecht III. dem Kloster zur Einweihung geschenkt hatte. Innerhalb dieses ovalen Rahmens umlaufend findet sich die Inschrift: *Dz ist dz wirdig sacrament in dreyerlay gestalt: prot, fleysch und plut. Die zway hat gesegnet der heylig pabst Gregorius. Und dz mittel hat gesegnet der heylig pabst Leo.* In den vier Ecken des rechteckigen Randes halten Engel mit langen Flügeln den ovalen Rah-

116 Leider gibt es keine Aussage darüber, wer sich hinter dem Pseudonym *Bämler-Meister* verbirgt. Es ist sicher, dass er Bämler nahe stand, wahrscheinlich aus seiner Werkstatt kam, wenn er es nicht selber war. Zugeordnet wird er aufgrund stilistischer Kriterien.

men, dessen Spitze eine kleine Kreuzigungsgruppe krönt. Zu Füßen der beiden unteren Engel lehnen zwei Wappenschilde, der eine mit dem bayerischen Rautenwappen, der andere mit dem Klosterwappen, das von den Herzögen von Andechs-Meranien übernommene Wappen, ein Adler und ein nach rechts schreitender Löwe. Das Motiv ist in seiner klaren, einfachen und unverschnörkelten Linienführung typisch für die Art des Bämler-Meisters.

Der für die undatierte Ausgabe der ersten Ausgabe der Andechser Chronik vorgegebene Zeitrahmen ist relativ eng. Da wir die auf 1472 datierte Vorlage der Inkunabel, nämlich die Handschrift der Andechser Chronik kennen, ist das Jahr 1472 als ein frühest mögliches Datum vorgegeben. Den spätesten Termin bildet der 22. März 1473, das im Kolophon angegebene Datum des Erscheinens der zweiten Ausgabe der Chronik von Johann Bämler in Augsburg. Alles spricht dafür, dass die undatierte Ausgabe die ältere ist. Dies zeigt der noch einfache Druck und die karge minimale Ausstattung des Werks. Mit der Drucklegung für diese Ausgabe, die einige Wochen in Anspruch genommen hat, wird Bämler Anfang des Jahres begonnen haben. Der Druck der undatierten Ausgabe, der sicher auch einige Wochen in Anspruch nahm, kann also nur vorher, d. h. 1472 erfolgt sein.

So klar die zweite Ausgabe der Andechser Chronik durch den eindeutigen Kolophon Johann Bämler zugewiesen ist, so schwierig ist dies bei der ersten Ausgabe. Die Zuweisung zum Drucker erfolgt durch die unverwechselbaren Bämlerschen Drucktypen, von denen Zapf schon 1786 bemerkte: *Bämler hat sehr ungleiche Lettern gehabt, dass man sie vor allen andern erkennen und, wenn er auch seinen Namen nicht untersetzte, genau bestimmen kann*[117]. Da Bämler als Drucker fest steht, wird allgemein angenommen, dass dafür auch seine Offizin verantwortlich war. Dabei wird nicht beachtet, dass diese erst im Laufe des Jahres 1472 entstand, wann wissen wir nicht. Bämler fertigte mindestens bis zu diesem Zeitpunkt, wahrscheinlich

---

117 ZAPF, Buchdruckergeschichte, S. XXIV–XXV.

sogar darüber hinaus, Auftragsarbeiten verschiedener Art: Kopieren, rubrizieren, Holzschnitte anfertigen und Druckaufträge. Ein Druck Bämlers für die Offizin des Klosters St. Ulrich und Afra ist belegt[118]. Einiges deutet darauf hin, dass Bämler in St. Ulrich und Afra auch für das Kloster Andechs druckte: Die engen Beziehungen von Andechs und St. Ulrich und Afra wurden oben schon dargestellt. Wenn die Augsburger Mitbrüder dem Drucker einen Auftrag gaben, warum sollten das nicht auch die Andechser machen? Ein Indiz dafür, dass Bämler in St. Ulrich und Afra druckte, sind Probedrucke, die in einem in St. Ulrich und Afra angefertigten Einband eingeklebt wurden. Bezüglich des Vertriebs der Chronik wissen wir, dass in Andechs Chroniken verkauft wurden, in Mengen, die für die damalige Zeit ganz beachtlich waren.

Eine 4. und 5. Ausgabe sollte noch 1505 und 1515 folgen. Der Schwiegersohn Bämlers druckte, nicht mehr in Augsburg, sondern im Kloster Wessobrunn den Text von 1472, erweitert mit der Aufzählung inzwischen erworbener Ablässe, Freibriefe und Heiltümer.

118 SCHMIDT, Klosterdruckerei, S. 144f.

4 FAZIT

*A*uf der Rückreise von seiner Fahrt ins Heilige Land hat Friedrich (Friedrich III., der Weise, Kurfürst und Herzog von Sachsen, 1486—1525) nach dem Rechnungsbuch des Hans Hundt auf dem heiligen Berg bei Andechs zehn Chroniken gekauf [120]. Der sächsische Kurfürst, eine kultivierte Persönlichkeit, im Briefwechsel mit führenden Geistern seiner Zeit stehend, war in seiner Zeit für seine Frömmigkeit und Verehrung von Reliquien bekannt, heute für die Förderung und den Schutz Martin Luthers. Sein Besuch im Jahre 1493 zeigt die Wertschätzung, die dem Kloster Andechs mit seinem Reliquienschatz entgegengebracht wurde. Die Klostergeschichte, in der Chronik von 1472 und den fortschrittlichen Inkunabeln der Augsburger Drucker Johann Bämler und seines Stiefsohnes Johann Schönsperger d. Ä. dargestellt, fand sogar Interesse in den Bildungseinrichtungen Sachsens und der zukünftigen Universität Wittenberg, der Keimzelle der Reformation, für die die zehn Exemplare wohl bestimmt waren [121].

An der zeitgenössischen Rezeption besteht somit kein Zweifel. Diese erschließt auch in Teilen die herausragende Bedeutung der Chronik. Sie gründet sich, wie zu zeigen versucht wurde, auf mehrere Umstände, die ineinander greifen:

120 Hans Hundts Rechnungsbuch, in: Neues Archiv für sächsische Geschichte und Altertumskunde 4 (1183), S. 37–100. Für diesen Hinweis danke ich Herrn DR. EISERMANN, von der Universitätsbibliothek Leipzig.
121 Dabei dürfte es sich um die ansprechend gestaltete 3. Ausgabe der *Chronik von Andechs* gehandelt haben, die der Stiefsohn Johann Bämlers, Johann Schönsperger d. Ä., mit dem unveränderten, nur durch die Darstellung neu erworbener Reliquien und Ablässe erweiterten Text, druckte.

- die ehemals hohe Bedeutung des Andechser Grafengeschlechts,
- den Wert des Reliquienschatzes,
- die überragende Bedeutung, welche die wittelsbachischen Herzöge diesem Schatz zumaßen,
- den Einfluss des Nikolaus von Kues, der die Gründung
  des Benediktinerklosters maßgeblich forderte und
  förderte,
- die politische Ausrichtung der Wittelsbacher nach
  Westen, die zu einem Zusammenwirken zwischen
  Andechs und Augsburg führte,
- die Persönlichkeit des Abtes Melchior des Augsburger
  Klosters St. Ulrich und Afra, der als Protagonist der
  Kirchenreform technische Neuerungen wie den frühen
  Druck förderte ebenso wie traditionelle Bildungsziele,
- das Talent und Durchsetzungsvermögen eines Johann
  Bämler, der wesentlich dazu beitrug, dem neuartigen
  Verfahren des Buchdrucks in Augsburg eine frühe Blüte
  zu bescheren,
- das geistige Klima Augsburgs als weltoffene und
  ehrgeizige Reichsstadt,
- den Ehrgeiz und das Talent der Andechser Mönche, die
  Geschichte des Heiligen Berges in einer für das späte
  Mittelalter neuen Form zusammenzufassen.

Für den Historiker tritt noch ein Aspekt hinzu:
- Der außerordentlich seltene Fall, dass die handgeschrie-
  bene Vorlage für den Druck der Chronik erhalten
  geblieben ist, sowie der Verbleib eines Exemplars der
  1. Auflage der Andechser Chronik im Kloster Andechs,
  wo es die Säkularisation überlebte.

Das alles erlaubt es, der Andechser Chronik den hohen Rang
zuzuschreiben, den sie sowohl für die Chronistik des 15. Jahrhunderts als auch für den frühen Buchdruck hat.

FAZIT

5 ABKÜRZUNGEN

Bay. Bayern

BayHStA Bayerisches Hauptstaatsarchiv

Bd. Band

bearb. bearbeitet

bzw. beziehungsweise

c. a. cum anno

Hz. Herzog

Jh. Jahrhundert

KL Klosterliterale

KU Klosterurkunde

S. Seite

Sonderbd. Sonderband

St. Sankt

s. a. sine anno

vgl. vergleiche

6 LITERATUR UND EDIERTE QUELLEN

T. Aigner, Das Herzogtum Meranien-Geschichte, Bedeutung, Lokalisierung, in: Erzen, Aigner, *Andechs-Meranier*, S. 39—54.

K. Frhr. von Andrian-Werburg, *Urkundenwesen, Kanzlei, Rat und Regierungssystem der Herzöge Johann II., Ernst und Wilhelm III. von Bayern-München (1392—1438)*, Kallmünz 1971.

J. Bämler, *Chronik von allen Kaisern, Königen und Päpsten*, Augsburg 1476.

R. Bauer, *Geschichte Münchens. Vom Mittelalter bis zur Gegenwart*, München 2003.

R. Bauerreiss, Der gregorianische Schmerzensmann und das *sacramentum Gregorii*, in: *Studien und Mitteilungen zur Geschichte des Benediktiner-Ordens*, Bd. 44, München 1926, S. 57—78.

R. Bauerreiss, Die geschichtlichen Einträge des *Andechser Missale*, in: *Studien und Mitteilungen zur Geschichte des Benediktiner-Ordens*, Bd. 47, München 1929, S. 433—447.

J. Bellot, *Die Augsburger Frühdrucker Günther Zainer-Erhard Ratdolt. Führer durch die Ausstellung im Schezlerpalais 20. Januar bis 4. März 1979*, Augsburg 1979.

F. A. Bornschlegel, Etappen der Schriftentwicklung im Augsburger Buchdruck von Günther Zainer bis Johann Schönsperger d. Ä., in: Gier, Janota, *Buchdruck* S. 153—173.

K. Bosl, Europäischer Adel im 12./13. Jh. Die internationalen Verflechtungen des bayerischen Hochadelsgeschlechtes der Andechs-Meranier, in: *Zeitschrift für bayerische Landesgeschichte* 30. 1967, S. 20—52.

K. Bosl, O. Lechner, W. Schüle, O. Zöller (Hgg.), *Andechs: der Heilige Berg von der Frühzeit bis in die Gegenwart*, München 1993.

A. Brackmann, *Die Entstehung der Andechser Wallfahrt, Aus den Abhandlungen der Preussischen Akademie der Wissenschaften. Jg. 1929*, Berlin 1929.

J. Breyl, Beobachtungen zur Geschichte des Augsburger Titelblattes vom 15. bis zum Ausgang des 18. Jahrhunderts, in: Gier, Janota, *Buchdruck*, S. 243—290.

P. Browe, *Die Verehrung der Eucharistie im Mittelalter*, Freiburg 1967.

P. Browe, *Die eucharistischen Wunder des Mittelalters*, Breslau, 1938.

S. Corsten, Die Erfindung des Buchdrucks im 15. Jahrhundert, in: *Die Buchkultur im 15. und 16. Jahrhundert*, Hamburg 1995, S. 125—202.

S. Corsten, R. W. Fuchs (Hgg.), *Der Buchdruck im 15. Jahrhundert. Eine Bibliographie*, 2 Bde, Stuttgart 1988—1993.

J. Dendorfer, *Adelige Gruppenbildung und Königsherrschaft. Die Grafen von Sulzbach und ihr Beziehungsgeflecht im 12. Jahrhundert*, München 2004.

D. Dietrich, *Ehem. Augustiner-Chorherrenstift Dießen am Ammersee*, München und Zürich 1985.

S. Edmunds, New Light on Johannes Bämler, in: *Journal of the Printing Society*, London 1965, S. 31—53.

F. Eisermann, V. Honemann, Die ersten typographischen Einblattdrucke, in: *Gutenberg-Festschrift 2000*, Mainz 2000, S. 88—131.

K. Elm, Monastische Reformen zwischen Humanismus und Reformation, in: Perlitt, *Bursfelde*, S. 59—112.

A. Erzen, T. Aigner, *Große Andesko-Meranski. Prispevki k zgodovini Evrope v visokem srednjem veku. Die Andechs-Meranier. Beiträge zur Geschichte Europas im Hochmittelalter. Ergebnisse des internationalen Symposiums.* Kamnik, 22.—23. September 2000, Kamnik 2001.

K. Flasch, Ideen und Medien. Oder: Gehört Gutenberg in die Geschichte der Philosophie? in: *Gutenberg-Festschrift 2000*, Mainz 2000, S. 27—41.

S. Füssel, Das Buch der Chroniken, in: Hartmann Schedel. *Illustrierte Weltchronik. Kolorierte Gesamtausgabe von 1493. Einleitung und Kommentar von Stephan Füssel*, S. 8—37, Köln 2001.

S. Füssel, *Johannes Gutenberg*, Hamburg 2003.

S. Füssel, Gutenberg-Forschung . Neunzehnhundert — Zweitausend, in: *Gutenberg-Festschrift 2000*, Mainz 2000, S. 9—26.

F. Geldner; Bämler, Johann, in: *Die deutsche Literatur des Mittelalters. Verfasserlexikon*, Berlin. New York 1978, S. 599.

F. Geldner, *Inkunabelkunde. Eine Einführung in die Welt des frühesten Buchdrucks*, Wiesbaden 1978.

F. Geldner, *Die deutschen Inkunabeldrucker. Ein Handbuch der deutschen Buchdrucker des XV. Jahrhunderts nach Druckorten*, 1. Bd: Das deutsche Sprachgebiet, Stuttgart 1968.

H. Gier und J. Janota (Hgg.), *Augsburger Buchdruck und Verlagswesen. Von den Anfängen bis zur Gegenwart*, Wiesbaden 1997.

M. Giesecke, Buchwissenschaft als Medien- und Informationswissenschaft, in: Historische Kommission des Börsenverein des Deutschen Buchhandels (Hg.), *Buchhandelsgeschichte, Aufsätze, Rezensionen und Berichte zur Geschichte des Buchwesens*, Jg. 1992, S. B97—B107.

J. Gottschalk, *Hedwig von Schlesien. Botin des Friedens*, Freiburg 1982.

Gesamtkatalog der Wiegendrucke, hg. von der Kommission für den Gesamtkatalog der Wiegendrucke (GW), Leipzig 1926

M. Harrsen, *Central European Manuscripts in the Pierpont Morgan Library*, New York 1958.

J. Hemmerle, *Hochschloss Pähl. Geschichte eines Edelsitzes*, München 1953.

L. Hening (Hg.), *Die Andechs-Meranier in Franken. Europäisches Fürstentum im Mittelalter, Katalog der Ausstellung in Bamberg vom 19.6. bis 30.9.1998*, Mainz 1998.

O. Herding, Über einige Richtungen in der Erforschung des deutschen Humanismus seit etwa 1950, in: Deutsche Forschungsgemeinschaft. Kommission für Humanismusforschung. *Mitteilungen* II, Boppard 1975, S. 61—63.

E. Hlawitschka (Hg.), *Andechser Anfänge. Beiträge zur frühen Geschichte des Klosters Andechs*, St. Ottilien 2000.

E. Hlawitschka, Die geschichtlichen Einträge im Andechser Missale, in: Hlawitschka, *Anfänge*, S. 47—98.

E. Hlawitschka, Der Andechser Heiltumsschatz in Geschichte und Legende, in: Hlawitschka, *Anfänge*, S. 9—46.

E. Hlawitschka-Roth, Herzog Albrecht III, von Bayern-München und die Gründung des Benediktinerklosters in Andechs, in: Hlawitschka, *Anfänge*, S. 99—117.

L. Holzfurtner, *Die Grafschaft der Andechser. Comitatus und Grafschaft in Bayern 1000—1180. Historischer Atlas von Bayern*. Teil Altbayern, Reihe II, Heft 4. München 1994.

V. Honemann, Wilsnacker Wunderblut, in: *Verfasserlexikon*, Bd. 10, Berlin, New York, 1999.

B. Hucker, Der Königsmord von 1208—Privatsache oder Staatsstreich, in
Hennig, *Franken*, S. 111—128.

P. Joachimsohn, *Die humanistische Geschichtsschreibung in Deutschland.*
Heft I. Die Anfänge. Sigismund Meisterlin, Bonn 1895.

E. Iserloh, Der deutsche Humanismus, in: H. G. BECK u. A. (Hgg.), *Die*
mittelalterliche Kirche. 2. Halbband: Vom kirchlichen Hochmittelalter bis
zum Vorabend der Reformation, Freiburg, Basel, Wien 1968,
S. 728—740.

J. Kiermeier, E. Brockhoff (Hgg.), *Herzöge und Heilige. Das Geschlecht*
der Andechs-Meranier im europäischen Hochmittelalter, Katalog zur
Landesausstellung, München 1993.

Kellner, Speltmann, *Catalogus: Historische Kataloge der BSB München*
(Catalogus codicum manu scriptorum Bibliothecae Monacensis.
Tomus XI), München 1996.

B. Klemenz, *Kloster Andechs. Bayerns Heiliger Berg*, München 2005.

Von Klemperer, Der Augsburger Drucker Johann Bämler als Rubrikator,
in: *Gutenberg Jahrbuch* 1927, S. 50—52, sowie in *Gutenberg Jahrbuch*
1928, S. 105f.

E. König, Augsburger Buchkunst an der Schwelle zur Frühdruckzeit, in:
Gier, Janota, *Buchdruck*, S. 173—199.

B. Kraft, *Andechser Studien*, München Bd. 1 1937, Bd. 2 1941.

Kraus, Geschichte: A. Kraus, *Geschichte Bayerns*, München 1983.

H. J. Künast, *»Getruckt zu Augspurg«. Buchdruck und Buchhandel in Augsburg*
zwischen 1468 und 1555, Tübingen 1996.

H. J. Künast, Entwicklungslinien des Augsburger Buchdrucks von den
Anfängen bis zum Ende des Dreißigjährigen Krieges, in: Gier,
Janota, *Buchdruck* S. 3—23.

O. Lechner, Die Benediktiner auf Andechs, in: Bosl u. A., *Andechs*;
S. 134—143.

I. Leipold, Das Verlagsprogramm des Augsburger Druckers Johann Bämler,
in: *Bibliotheksforum Bayern*, hg. von der Generaldirektion der Bay.
Staatl. Bibliotheken, Jahrgang (1976).

Elisabeth von Thüringen, Hedwig von Schlesien und der Dießen-Andechser
Himmel, in; Hennig, *Franken*, S. 93—102.

MÄRTL, Albrecht III.: C. MÄRTL, *Herzog Albrecht III., Nikolaus von Kues und die Gründung des Benediktinerklosters Andechs im Jahre 1455*, Starnberg 2005.

MÄRTL, Liberalitas; C. MÄRTL, Liberalitas Baiorica. Enea Silvio Piccolomini und Bayern, in: H. DOPSCH, S. FREUND, A. SCHMID (HGG.), *Bayern und Italien. Politik, Kultur, Kommunikation (8.—15. Jahrhundert). Festschrift für Kurt Reindel zum 75. Geburtstag*, München 2001, S. 237—260.

C. MÄRTL, Straubing. Die Hinrichtung der Agnes Bernauer 1435, in: A. SCHMID, K. WEIGAND (HGG.), *Schauplätze der Geschichte in Bayern*, München 2003, S.149—164.

G. MÖHLER, Wallfahrten zum Heiligen Berg, in: BOSL U. A., *Andechs*, S. 119—133.

J. MÖTSCH, Das Ende der Andechs-Meranier. Streit ums Erbe, in: HENNIG, *Franken*, S. 128—141.

E. MEUTHEN (HG.), *Acta Cusana. Quellen zur Lebensgeschichte des Nikolaus von Kues.* 1,3 a: 1451, Januar-September 5; 1,3b: 1451, September 5—1452, März; 1, 4: Literatur und Register zu Band 1, 1996/2000.

E. MEUTHEN, Nikolaus von Kues und die Wittelsbacher, in: P. FRIED UND W. ZIEGLER (HG.), *Festschrift für Andreas Kraus*, Kallmünz 1982, S. 95—115.

Von der Handschrift zum gedruckten Buch. Schriftlichkeit und Leseinteresse im Mittelalter und in der frühen Neuzeit. Quantitative und qualitative Aspekte, Wiesbaden 1998.

E. OEFELE, *Geschichte der Grafen von Andechs*, Innsbruck 1877.

N. H. OTT, Frühe Augsburger Buchillustration, in: GIER, JANOTA, *Buchdruck*, S. 201—242.

H. PATZE, Adel und Stifterchronik. Frühformen territorialer Geschichtsschreibung im hochmittelalterlichen Reich, in: *Blätter für deutsche Landesgeschichte* I: 100. Jg. 1964, S. 8—81 und II: 101. Jg., 1965, S. 67—128.

H. PATZE, Klostergründung und Klosterchronik; in: *Blätter für deutsche Landesgeschichte*, 113. Jg. 1977, S. 89—121.

H. PÖRNBACHER, *Hans Heseloher. Zwei Lieder, vorgestellt von Hans Pörnbacher mit einer Nachdichtung von Hubert Witt*, Weilheimer Hefte zur Literatur, 18. von den Deutschlehrern am Gymnasium Weilheim, Weilheim 1986.

H. Rall, *Zeittafeln zur Geschichte Bayerns*, München 1974.

V. Redlich, *Tegernsee und die deutsche Geistesgeschichte im 15. Jahrhundert*, (Neudruck der Ausgabe von 1931) Aalen 1974.

A. Frh. von Reitzenstein, *Die Geschichte des Bamberger Doms*, Regensburg 1984.

Repertorium Germanicum, hg. vom Deutschen Historischen Institut in Rom. 6. Bd.: Nikolaus V. 1447—1455, 2 Teile, bearb. von J. F. Abert und W. Deeters, Tübingen 1985—1989.

S. Riezler; *Geschichte Bayerns*, 3. Bd., München 1889.

M. Rubin, *Corpus Christi. The Eucharist in Late Medieval Culture*, Cambridge 1991.

R. Rückert, *Der Schatz vom Heiligen Berg*, München 1967.

M. Sattler; *Chronik von Andechs*, Donauwörth 1877.

E. Schlotheuber, M. Schuh (Hgg.), *Denkweisen und Lebenswelten des Mittelalters*, München 2004.

E. Schlotheuber, Büchersammlung und Wissensvermittlung. Die Bibliothek des Göttinger Franziskanerklosters, in: M. Kintzinger, S. Lorenz, M. Walter (Hgg.), *Schule und Schüler im Mittelalter. Beiträge zur europäischen Bildungsgeschichte des 9. bis 15. Jahrhunderts*, Köln, Weimar, Wien 1996, S. 217—244.

Schlotheuber, Hus: e. Schlotheuber, Krise und Kritik. Jan Hus und Jean Gerson, in: Schotheuber, Schuh, *Denkweisen*, S. 121—140.

F. Schmidt, Papierherstellung in Augsburg bis zur Frühindustrialisierung, in: Gier, Janota, *Buchdruck*, S. 73—96.

H. H. Schmidt und Mitglieder des Arbeitskreises für Ortsgeschichtsforschung der Würmregion, *Die Grafschaft Gilching. Ein Herrschaftsraum aus grundherrschaftlich-ökonomischer Sicht in der Entwicklung vom Früh- zum Hochmittelalter*, Gauting 1999.

R. Schmidt, Die Klosterdruckerei von St. Ulrich und Afra in Augsburg, in: Gier, Janota, *Buchdruck*, S. 141—153.

R. Schmidt, Reichenau und St. Gallen. Ihre literarische Überlieferung zur Zeit des Klosterhumanismus in St. Ulrich und Afra zu Augsburg um 1500, in: *Vorträge und Forschungen*, Sonderbd. 33, Sigmaringen 1985.

B. Schneidmüller, Die Andechs-Meranier. Rang und Erinnerung im hohen Mittelalter, in: Hennig, *Franken*, S. 55—69.

A. SCHÜTZ, Das Geschlechte der Andechs-Meranier im europäischen Hochmittelalter, in: KIERMEIER, BROCKHOFF (HGG.), *Herzöge*, S. 22—185.

A. SCHÜTZ: Die Andechs-Meranier in Franken und ihre Rolle in der europäischen Geschichte des Mittelalters, in: L. HENNIG (HG.), *Franken*, S. 3—54.

A. SCHÜTZ, Die Grafen von Dießen und Andechs, Herzöge von Meranien, in: A. WOLF (HG.), *Königliche Tochterstämme, Königswähler und Kurfürsten*, Frankfurt am Main 2002, S. 225—317.

G. SCHWEIGER, *Monachium Sacrum*, München 2000.

D. STIEVERMANN, *Landesherrschaft und Klosterwesen im spätmittelalterlichen Württemberg*, Sigmaringen 1989.

T. STRAUB, Ludwig der Bärtige und die Konstanzer Liga, in: M. SPINDLER (HG.), *Handbuch der bayerischen Geschichte*, Bd. II, S. 234—241, München 1974.

W. STÜRMER, Die Wittelsbacher, Gründer und Wohltäter des Klosters, in: BOSL u. A., *Andechs*, S. 53—63.

H. STAHLEDER, Herzogs- und Bürgerstadt: Die Jahre 1175 — 1505, Bd.1, München 1995, in: BAUER, *Chronik*

F. TYROLLER, *Die ältere Genealogie der Andechser*, München 1955.

A. UHL, *Peter von Schaumburg. Kardinal und Bischof von Augsburg*, Dissertation LMU München 1940.

PHILIPS-UNIVERSITÄT MARBURG (HG.), *St. Elisabeth. Fürstin Dienerin Heilige. Aufsätze Dokumentation Katalog*, Sigmaringen 1982.

P. L. VAN DER HAEGEN, *Der frühe Basler Buchdruck*, Basel 2001.

E. VANSTEENBERGHE, *Nicolas de Cues*, Paris 1920, unveränderter Nachdruck: Frankfurt am Main, 1963.

U. VORWERK, Die Andechs-Meranier und der Neubau des Bamberger Doms, in: HENNIG, *Franken*, S. 209—218.

G. W. ZAPF, *Augsburgs Buckdruckergeschichte*, Augsburg, Bd. I 1786 und Bd. II 1790, unveränderter fotomechanischer Nachdruck der Originalausgabe: Zentralantiquariat der Deutschen Demokratischen Republik, Leipzig 1968.

7 DER TEXT DER CHRONIK

In dem namen der heyligen und ungeteilten trivaltigkeit gottes des vaters des suns und des heyligen geistes. Hienach ist vermerckt kürtzlich in geschrifft von dem ursprung und anfang des heiligen bergs und burck andechs / auch von der herschafft die darauff gewesen ist / sünderlich von dem hochwürdigen sacrament und anderm würdigen heiltum / wie und durch wen zu welcher zeit / und von wannen es auff disen heiligen perg Andechs kömen und gepracht worden sey[123]*. Auch was aplos freiheit und privilegia vor zeiten dartzu geben worden sey /*[124] *Das und anders man alles in alten tafeln in der kirchen hangend besunder auch in einem gar alten meßbuch zerstraet an vil blettern geschriben vindet / Das alles ist noch auff disem heiligen berg darab und darauß wir es zesamen gesamelt und hie nach geschriben haben und mit andern worten begriffen nach dem kürczisten und es hat mügen gesein. Auch von kürcz wegen haben wir auß gelassen und überlauffen. in disem buch beschriben und begriffen haben.*

Es ist ze wissen zu dem ersten / das auff disem heilgen berg gewesen ist vorzeiten ein vesty wol gepaut genant Andex die von erst angefangen und gepaut haben die alten edelen cristelichen fürsten und herren von franckenreich darauf lang und vil zeit und iar wonhafft gewesen und gesessen seind die edelen hoch gepornen mechtigen herren und grafen von andechs genant und wol

---

122 Da der Text der Andechser Chronik noch nicht in der modernen Literatur veröffentlicht wurde, ist er hier in der Schreibweise der älteren Inkunabel von 1472 wiedergegeben. Die Absätze, Seitenumbrüche und die Überschriften entsprechen dem Original. Der Inhalt der handschriftlich überlieferten Fassungen der Chronik stimmt, abgesehen von orthographischen Eigentümlichkeiten und Abweichungen, mit dem Text der Drucke von 1472 und 1473 überein.

123 Vor einem groß geschriebenen Wort wird hier im Text, im Gegensatz zum Original, ein Punkt gesetzt.

124 Wenn der Schrägstrich nach modernem Lesegefühl ein Satzende markiert, wird wegen einer besseren Lesbarkeit der Text groß geschriebenen weitergeführt.

bekannt im allem römischen reich ir achtzehen nach einander nach inhaltung der coronica. Von dem stam der benanten herren dieser burg andechs seind geporen vil namhafftiger edler personen auß den etlich mann und frowen geistlichs leben an sich genommen

fol. 1ᵛ men haben und // komen seind in die klöster und sich da verzigen aller weltlichen ere und reichtum. Auch seind etlich heilig worden und von der muter der cristenheit canoniziert und erhaben seind das man die anruffen und eren sol als ander heiligen nach rechter gewonheit cristelicher andacht der wir etlichen hie bestimen An dem ersten keyser Heinrich[125] des namens der erst graff Leopolds sun von andechs[126]. Item keiser Rudolff begraben zu Regenspurg. Item auch zwo keiserin. Item der heilig sant Otto bischoff zu babenberg / graff Berchtoltz sun von andechs der das heylig sacrament her hat gesant auff diesen heyligen berg. Item sant Cunrat bischoff von Kostnitz. Item die heilig sant Elspet langrefin zu türingen. Item Hadwigs sant Elspetens schwester herzogin von polon. Item Matildis des benanten heiligen sant Otten schwester die gewesen ist ein äbtissin zu ottelsteten. Item Eufemia ir schwester äbtissin zu altenmünster. Item der cristenlich selig graff Rasso. Die und ander vil / die wir nit nennen keiser künig und herzogen graffen patriarchen und bischoff geistlich und weltlich mann und frowen seind geporen von disem heiligen berg und burg andechs. Wann das benant edel und namhafft geschlecht diser burg andechs ist durch heyret und ander sach so weit außgeteilt in teutsch und welsch auch in kriechenland gen franckenreich davon des kommen ist gen ungern hessen polon schwaben beyren und in andre land / stet und märckt. zu manigem geistlichem und weltlichem stand das man es nit erschreiben kann noch mag noch sol wann es ist nit not noch dienet zu dem das wir vor uns haben oder vermeinen ze schreiben.

⁊ Wie die herren dieser burck haben vil klöster um den berg gestifft / Besunder von der stifft des egenannten graffen

---

125 Personennamen wurden im Originaltext nur sporadisch groß geschrieben. Davon abweichend, werden sie hier einheitlich groß geschrieben.

126 Vor dem groß geschriebenen *Item* wird im Gegensatz zum Original ein Punkt gesetzt.

Rassonis wie er über mer gevaren ist und zu seiner stifft mercklichs heiltum gepracht hat und wie darnach das selbig heiltum kom. // men sey auff disen berg.

*D*ie benannten andechtigen herren von Andechs hie gewont
und gesessen habent gepaut und gestifft um disen heiligen
berg X gotzheuser oder klöster in vier meilen in drey meilen in
zwey meilen in einer meil zu lob got dem almechtigen und allen
himlischen her zu einer widerkerung und danckperkeit manigfal-
tig gab und gutat die sy empfangen hettent von got dem herren
auch ir und irer forfaren selen ze hilff und säligkeyt und begabten
und versahen die herrlichen nachdem und sy das wol vermochten.
Sünderlich der benant sälig fürst und herr graf Rasso der hat
gestifft ein kloster in den eren des heilers Christi Jesu und sant
Philip und Jacobs seiner zwölffboten und aller XII boten / das be-
saczt er mit dreytzehen geistlichen priestern des ordens und der
regel sant benedicten / Das selb gotzhauß gelegen ist in dem werd
auff der amper in Augspurger bistum das geweicht hat der heilig
sant Ulrich in den selben zeiten bischoff zu augspurg. Der selbig
yeczgenant sälig graf Rasso ist gewesen / nach laut der sag dieser
bücher ein herr von franckenreich von seinen vorvordern die zu
dem ersten als vorgemelkt ist gepaut und gestifft haben dise burg
andechs / Und ist auch nämlich gewesen ein herzog in beyren
herzog in Francken herzog in schwaben herzog in burgundia /
herczog zu meron und kärnten Marggraff zu ysterreich pfalczgraff
bey rein graff von goerz und ein herr und graff von Andechs. Die
lant alle seind auß seinem namen auff dem heiligen berg und
burgk andechs erstorben. Der selbig cristelich fürst graff Rasso ist
gefaren übe mer mit dem römischen keiser und mit anderen seinen
freunden fürsten und herren von franckenreich von beyren und anderen landen / Und ist zu der selben zeyt das heylig land bezwun-
gen und erstriten worden // mit seinem schwert under seinem

paner vor allen fürsten und herren darum in der römisch keiser
sünderlich geeret und begabet hat mit einer besunderen erwürdi-
gen unerhörten grossen gnade der er begeret von dem keiser das er
in schicket und sant mit seinen brieffen und botschafft zu dem
heiligen vater und bapst gen rom das er solt biten und gepieten wo

die heiligen zwölff boten legent in allen römischen reich die solt man im auffschliessen und geben von dem gebein der heiligen *XII* boten und ander heiligen des ward er auch also gewert und erhört an aller stat / er hüb sich auff ze iherusalem als ein bilgerin kam und kam ze lant/?

in den selben schei ward im undwegen geben alles gebein Simeonis des propheten und thimotei des iungers Christi. Item halber teil des schweißtuchs unsers herren Jesu Christi damit er abtrücknet den angstlichen blutigen schweiß an dem ölperg das im geben war zu Constatinopel. Item von dem heiligen creucz unsers herren. Item von dem blut Christi. Item von dem Tisch unsers herren darauff er mit seinen iungers das abent gessen hat. Item von dem tisch unser frouwen. Item die hirnschal sant jörgen. Item die hirnschal sant maria magdalena. Item das haupt sant agata der iungkfrouwen / darnach kam er gen rom zu dem heilgen vater und bapst der in erwürgklich empfieng von wegen der botschafft des keisers / und da ward im auff geschlossen und gegeben von dem gebein der zwölff boten die ze rom ligend Sant petrs Sant pauls Sant simon Sant iudas Satphilippen Sant bartholomeus und sant iacobs und sonderlich das haupt sant philippen des zwölff boten und sein gerchter arm / und der armsant bartholomei des zwölff boten / un die kex sant iohans des taufers / nach dem kam er gen meilant in die stat daselben ward im gegeben halber teil des ge-

fol. 3ʳ beins sant barnabe des // iungers Christi und sein haupt und des pulvers das und anders groß und vil heiltum das im da und anderswo gegeben ward bracht er alles zu seiner vorgenannten stifft / darnach unnd er also wieder heimkam da absagte er dieser welt unnd nam an sich den habtium und das demütig kleit des ordens sant benedicten / und ward in seinem kloster seiner benanten stifft zu einem geistlichen mann und beharret darin loblichen bis an sein end / der verschied aus disem iomertal nach Christi geburt als man da zalt neun hndert und vier und fpnfftzig iar von dem man vil groß werck und zeichen seiner seligkeit sagt und anderswo geschriben vindet die wir hier von kürcz wegen überlauffen. nach abgang des obgenannten grafen Rasso in kurtzer zeit hoch und für der wüst und unsälig hertzog Arnolff von scheyren auf die bistum

gotzheuser un klöster mit hilff der heiden und verheeret und zer-
störet die kirchen und klöster vis in den grunt / und die güter äcker
und wismat ligent und varent hab der gotzheuser ward geteilt un-
der die leyen. In der selben zeit wurden auch zerstöret und zerbro-
chen die zehen klöster und stifft der herren von Andechs der keines
wider gepaut ist worden denn allein disen darin der herren und
frouwen von Andechs sibetzehen begraben ligent / da ward auch
verheeret die stifft des seligen graffen Rassonis / aus denselben
yetzgenaten gotzheusern fluhen die priester und die münch durch
frid und schirm zu der herrschafft von andechs und prachten mit
in meßgewant kelch pücher und ander kleinot mitsampt dem heil-
tum das die benant herschafft von iherusalem Consatninopel kom
und andern landen pracht und zu densleben gotzheusern geben
hetten / also fluhent die brüder der sitfft des graffen Rassonis auch
zu disem berg von sicherheit wegen mitsampt dem würdigen heil-
tum das der graff // Rasso von vil und fernen steten und landen zu
seiner stifft darinen er auch begraben ligt gepracht het / darnch
starb der wüst unsälig hertzog arnolff iämerlich zu regenspurg
und wart gefürt von dem teufel gen scheyern in das gerorach also
ist das heiltum der benanten gotzheuser beliben pey disem heiligen
perg andechs das vor und durch keiser ludwig künig karlis sun von
frankenreich zu der capellen dieser purg andechs gegeben ist
worden mit namen des schammes darin nam got dem heren an
dem heiligen creucz zu trincken gab / ein kleins eisen der negel die
Christo Jesu durch sein hend und füß geschlagen wurden. Item
von der dornenkron unsers herren. Item ain glid von dem sper
damit durchstochen wart das süß hertcz Christi. Item von dem
peckyin ein teil daraus er einen iungern ir füß wusch. Item von
dem tisch unsers herren / das heiltum alles von constantinopel zu
dieser burgk andechs gepracht hat der benant keiser ludwig von
wegen das er auff disem heiligen berg geboren und erzogen ist /
von des vater auch nemlich hie ist ein sigcreucz das der engel gots
pracht keiser karle darunder er überwant alle seine feind darun-
der auch gestritten hat der offt benant selig graff Rasso wider die
ungeren zu zeiten da sy ungläubig warent.

*¶ Wie der heilig bapst und groß lerer sant Gregorius con-
secriert und gesegent hat zu Rom das hochwürdig zeichelich
sacrament in zwey hostien und wann das gen bobenberg
gefürt sey worden auch von demselben einen fronsacrament
in der dritten mittern zeichelichen hostien das gesegnet hat
der heilig vater bapst leo.*

*A*ls lernen und ausweisen die werck der heiligen römischen
bäpste zu den zeiten als den heiligen stul sant peters zu Rom

fol. 4ʳ

*regieret der heilig vater bapst und groß lerer // sant gregorius des
namens der erst / da kam die künigin von hispania genant Elvira
gen rom auß andacht und begeret zu sehen den heiligen bapst sant
gregorius und wolt sich im in sein ehiliges gebet empfehlen / und
begeret da von dem heiligen sant gregori das er ir durch ihres heils
willen in irer gegenwertigkeit loblichen meß hielt und sy speiset
mit dem fronlichnam Christi Jesu / des williget sich der heilig
vater sant gregori und auff einen vermessenen tag kam er in die
capellen genant iherusalem zu dem heiligen creutz und las da meß
in gegenwertigkeit der benanten künigin von hispania. Nun da er
das ampt der meß in aller andacht vollbracht und in den canon
und heiligen still meß kam da erschien in dem geist des heiligen
vaters und bapstes ein liecht des götlichen glancz und wurden im
heimliche ding kunt gethon und die fronzeichen und waffen des leidens und der marter Christi Jesu wurden seinem geist sichtigklich
offenbaret / in der weil und stund die benant künigin wart bewegt
und het einen grossen über krefftigen zweivel und wart gedencken
ob in dem sacrament des altars werlichen wer der war herlich
fronlichnam Christi Jesu als es vestigklichen glaupt und lernet die
cristelich kirch und als ir dafir der heilig vater versprochen het ze
geben und on zweivel die selb zweivelhafftigkeit damit die künigin
von den bösen feind angefochten ward was mit nichte vor dem heiligen vater verborgen / Darum bat er got den almechtigen daz er
durch ein sichtigs zeichen die anfechtung und zweivel trib auß der
künigin hercz das auch ze hant geschach wann als bald sant
gregori das sacrament des waren fronlichnams Christi Jesu nach
gewonheit auffhub in die höch außwärckung gottes wurden
geoffnet die augen der frouwen also das sy sach wie das heilig*

fronsacrament gancz in gestalt des crucifixes verwandelt ward. //
Also do nun gottes gab und barmherczigkeit die künigin genczlich
vergwist ward und mit grosser andacht sich zu der heiligen com-
union und speisung bereitet da reichet ir der heilig vater nach
gewonheit ein klein gesegnet hosti und oblat da die andechtig
künigin die selb mit grosser andacht anplickt / zu den anderen mal
auß götlicher erleuchtung sach sie klärlich wie das sacrament in
der hant sant gregori in gestalt eins vingers verwandelt ward da
die frow des vast erschrack und sich des verwundern ward zu an-
gesicht des heiligen vaters das sacrament behielt die gestalt des
vingers als man das noch heut sicht und ward verwandelt in die
ersten form der hostien und oblat. Es ward auch da geoffenbart
dem heiligen bapste Gregori das er beid hosti und oblat solt treu-
lich behalten wann in den wurd sein hilff und trost in künfftigen
nöten und ablas der sünden / also ist wisselich das zwo hostien
und oblat miteinander gesegnet hat der heilig vater und bapst Gre-
gori die zu Rom vil und lang zeit under anderen heiltum der heili-
gen bäpste mit grosser erwürdigkeit und andachtt seind gelegt und
behalten worden biß zu den zeiten des heiligen bapstes leonis des
achten / darnach in der zeit der gnaden nach Christi geburt anno
MXX da regniert der aller durchleuchtigest heilig cristelich keiser
sant heinrich durch des besundern fürsichtigkeit und heiligs leben
das römisch reich stünd und behüt ward in aller still und ru ver-
henget der almechtig got auß besunderem seinen heimlichen rat
ein vast schedlich plag über beyerlant davon mewschen und vich
on zal vil sturben unnd alles lant davon wüst ward und durch
krieg und zwytracht und ruch rauben und prennen und mit dem
schwert das edel lant verheeret ward / auch grosser hunger und
teurung das ganz lant durch lieff also das die menschen nit westen
welche plag // in an den meisten wer zu fürchten / sollich groß übel
und not schawt und betrachet der heilig keiser heinrich. Zu den
selben zeiten regiert den heiligen römischen stul der heilig vater
Leo der acht des namens mit dem er in götlicher lieb unnd in aller
freuntschafft gantz vereint was / zu dem sant er sein botschafft
und was plag er in seinem volk in beyerlanden auß götlichem ver-
hengen lide tet er im kleglich zu wissen und ruffet in an um bet und

hilff zu got / der botschafft erschrack der heilig vater mit grossem herczlichem mitleiden und auß götlichem eingeben erdacht er eins seligen rats und hilff und an vertziehen als bald und er des willen gottes er erindert ward nam er zu im die vorgemelten zwo hostien und heiligen oblat und eilend füte er sich in eigener person zu dem heiligen keiser Heinrich gen bobenberg von dem er auch gar erwürdigklichen empfangen ward / da antwortet der heilg benant bapst zu hilf und trost wider so groß plag drey gesegnet oblat / zwo sant Gregori die drit die er auß heissen gotz selber gesegnet hat die sich auch sichtigklich verwandelt hat als man das noch heut ist mercken das die buchstaben des namens Jesu blutvarb seind daz selbig hochwürdig ein sachrament in den dreyen benanten hostien füret der heilig keiser Heinrich mit grosser andacht in all gegent siner alnt die von got geplaget wurdent / also mit der hilff gottes und barmherczigkeit hörtet ze stund auff all vorgenant plag krieg und unfried und alle betrückpnüß / in dem der heilig vater bapst Leo mit tod abgieng zu bobenberg also beleib das hochwürdig sacrament bey keiser Heinrich der das auch seinem abgen ließ bey seiner stifft zu babenberg da selb des vn menschlicher andacht vil iar in grosser würdigkeit gehalten ist worden.

⁊ Wie das hochwürdig fronsacrament von der vorgeschribenen // stat zu den zeiten seliger gedechtnüß des edelen graffen Berchtolds von andechs auff disen heilgen berg von bobenberg gefürt worden sey.

*N*ach der menschwerdung Christi Jesu unnsers heilers da man zalt anno MCIIII het disen heiligen berg und burck andechs der edel graff Berchtold genant der het ein elich hausfrouwen genant Sophia / bey der het er zwen sun einer hieß Otto der darnach ein heiliger bischoff ward zu bobenberg als vorgemelt ist / der ander ward genant marckgraff Perchtold von ysterreich und graff von andechs / und drey töchter Machtildem äptissin von ottelstetten Eufemiam äptissin zu altenmünster die beid begraben seind zu diessen / und die dritten genant Sisilam gab er dem graffen von berg marckgraff Perchtolt von ysterreich graff Perchtoltz sun von andechs und Hadwigis sein hausfrouw geporen

Berchtoldum herczogen von meron Paponem bischof von baben-
berg und Machtildem gräfin von gorcz Perchtoldus herczog von
meron het bey seiner hausfrouwen genant Agnes Ermbertum
bischoff von bobenberg herczog Otten von meron frow Gerdrudem
künigin von ungern der heiligen frouwen sant Elßpeten muter und
frow Agneten künigin von franckenreich und ander sun und töch-
ter die wir übergen. Nun in der zeit der gnaden da man zalt anno
MCII zu den zeiten keiser Cunratz da der heilig sant Otto des be-
nanten graffen Berchtoltz von andechs sun regiert die kirchen zu
babenberg da des egenannten graff Berchtoltz seines vaters lant
mit tötlicheit unnd sterben mit teurung und kriegen vast beschwert
ward und die frucht menschlicher narung von ungewitter und
schaur auch das vich mit schelm gancz verhertet ward / der obe-
gemelt heilig bischoff Otto sant het die vorgemelten heiligen fron-
sacrament durch // pet willen graff Berchtoltz von anndechs sei- fol. 6^r
nes leipplichen vaters und des benanten seines leipplichen bruders
marckgraff Berchtolt von ysterreich in des landen die obgenanten
plag auch vast regniertet in ze wissen in geschrifft von welchen
heiligen bäpsten die heiligen drey hosti consecriert undgesegnet
waren worden und von was sach wegen der heilig bapst Leo die
selbigen it persönlich zu pracht dem heiligen keiser sant Heinrich
von rom gen bobenberg und ermanet sy das sy daz hochwürdig
fronsacrament erwürdigklichen und mit grosser andachte empfa-
hen sollten das auß besunder ordenung gottes und der heilig vater
geordnet war für all plag für tötlicheit der menschen und des
viches für schaur und geitter teurung und krieg allen den menschen
das selb wunderzeichenlich sacrament in eren und in andacht hiel-
ten / also empfieng der del graff mit allem seinm volk mit grosser
andacht und danckperkeit die höchsten bgab und füret die um in
alle end und gegent seiner lant die von got geplagt wurden / dar-
nach und auß gottes barmhertzigkeit auffhöret alle plag da fürten
sy in aller erwürdigkeit die heiligen sacrament auff disen heiligen
perg andechs darauff es noch heut würdigklichen rastend ist und
von allen glauben menschen andächtigklich an gepet würt.

§ Wie das wunderzeichelich fron heilig vorgemelt sacra-
ment und anders würdigs heiltum durch die heiligen bäpst
bey dem pann und fluch ewiger verdampnüß bestet sey wor-
den gen andechs von wegen das man das offt von dannen hat
gefürt und an keiner stat beleiben hat wellen dann allein auff
disem heiligen berg.

fol. 6ᵛ

ach dem und nun durch würckung gottes der fronheiligen
sacrament rum und laut durch manig wunder // werck und
zeichen in vil stet und land geöffnet und verkünt ward / In der sel-
ben zeit ward graff Berchtold von dieser burg andechs vertriben
durch keiser Otten von aller seiner herschafft wann man in ver-
meint und zeich wie er vergeben het keiser Philippen zu bobenberg
des er unschuldig was wann es het gethon ein graff von wittel-
spach der es auch veriach an dem totpet. Nun in der selben zeit was
ein graff zu wolffarthausen Otto genant von nateuerlichem blut
ein freunt der grafen un herren von andechs der het ein andechtig
und nach sag ein heilig frouwen genant iusticia bey der het er vier
sün Heinrichen bischoff zu regenspurg Otten Heinrichen und aber
Otten all graffen von wolffarthausen und zwo töchter / eine hieß
Richniza die gaben sy dem römischen keiser / die ander genant
Maria gaben sy dem keiser von kriechen die beid ertzogen seind
auff disem heiligen berg. Graff Otto von wolffarthausen het groß
lieb und andacht zu dem hochwürdigen fronsacrament und an-
derm heiligtum das hie was zu andechs und in dem abwesen graff
Berchtoltz von andechs der von dem land auß was zu iherusalem
und anderswo wol XXI iar bat er die brüder sant Benedicten or-
den und capellon der capellen zu andechs und auch seinen sun
graff Heinrich von wolffarthausen der ein pfleger und ein verwe-
ser was graf Berchtoltz von andechs da sy im schicktent daz hoch-
würdig fronsacrament und anders heiltum als sy auch tatent genöt
durch bet und troung des benanten graffen / darnach unnd ver-
giengent etlich tag und gegenwertig was der heilig auffart tag auß
besunder andacht bevalch und schuff er den caellonen das sy den
hoch würdigen schacz zu der guldin non auff den altar sacztent als
gewönlikch ist ze thun an grossen tagen. Merck da sy den fach und

fol. 7ʳ

die laden auff schlossen und wolltent das zu // wolffarthausen

P. Kirchheim Verlag
Postfach 140432
D-80454 München

▶ Absender

Name, Vorname

Straße

PLZ, Ort

Tel/eMail/Fax

P. KIRCHHEIM

▼ Diese Karte habe ich dem Buch entnommen:

▼ Meine Meinung dazu ist:

Wenn Sie mehr über unsere Bücher erfahren wollen ... am ausführlichsten finden Sie alles auf der Website: www.kirchheimverlag.de

▼ Ansonsten schreiben Sie uns unverdrossen, was Sie von uns noch wissen wollen!:

▼ Datum:

▼ Unterschrift:

auff den altar seczen zu der selben non zeit ist daz selb hochwür-
dig fronsacrament mitsampt allem andren heiltum hie in der
capellen zu andechs auff dem altar gewesen Graff Berchtolt von
andechs in der selben hzeit seines abwesens versucht sach und
höret die schnödigkeit valscheit untrew und zerg#ngklicheit dieser
welt das im auch ein ursach und reiczung was sich von der welt ze
keren zu got dem herren und als bald er wider gerüfft ward zu dem
land von seine unschuldigkeit wegen gedacht er wie er sein gut und
hab ordenet damit es got ein gevallen und im und seinen vorvor-
deren und nachkmen verdientlich und hilfflich war / sollichs ein
sprechen volfürt er bald mit den wercken und ordenet zu der
capellen andechs geistlich brüder und priester des ordes sant
Benedicten zu vollbrigner und ausdzurichten den götlichen dienst
und gab darzu alle güter äcker wismat weid gärten holcz vischnitz
und anders grunt und poden was zu der burgk gedient und gehöret
het / und zu verkünd ewiger gedechtnüß verbriefft und versigelt er
daz mit seinem eigin insigel / auch mer ordnet er zu der benanten
capellen das alle die menschen frouwen und man auß den dörffern
der kirchen und pfarr lehenhaft gehört zu dem berg andechs mit
namen weilheim mit der gantzen pfarr und alle die da seind um
den amersee / Item Menchingen Möring Scheyring Weil Kaufring
Pirring Schwiffing Pentzing Perg Petzenhausen geretczhausen
Waleczhausen Geltendorff Dintzelbach Pidrarching Winckel
Eglingen und alle die an dem lechrein ligent / Auß den benanten
pfarren allen sollen die pfarrer und das volk iärlich mit den creut-
zen gen andechs kommen an Errechtag in den pfingstfeiren und da
mit in bringen ein yegliche pfarr ein kertzen die das gancz iar vor
dem hochwürdigen heiltum // prinnen und ein yeglich mensch sol fol. 7ᵛ
da opfferen ein pfenning. Auch zu sant Michels tag so man nun das
korn geschnitten und ingefürt hat sol ein yeglicher bawman der
benanten pfar und dörffer korn geben zu der capellen andechs /
einer ein meczen der ander zwen oder ein yeglicher nach dem und
er vil oder wenig paut als außweist gar ein alter brieff von dem
das insigel verwesen ist den geben hat Hermannus bischoff von
augspurg des datum ist anno Domini MCXXVIII Der vorgeschri-
ben ding gipt zeugnüß Sifriedus bischoff von augspurg des brieff

und insigel noch vorhanden seind der das auch alles bestät hat mitsampt graff Heinrichen von andechs dem lesten von dem hienach geschriben stat / Darnach und graff Berchtolt het übergeben alle zeitlichen hab da ward er zu einem münch zu Sewn in salczburger bistum / Nun da er zu den ersten gen sewn reiten oder varen wolt und an sich nemen den orden sant Benedicten / da nam er mit im das hochwürdig heilig fronsacrament und anders wirdigs heiltum und wolt das mit im gen Sewn haben gefürt / Und da er und sein diener auff die roß sassent da wurdent die roß stendig und erkrumtent under in und mochtent von stat nicht. Graf Berchtolt gieng in die capellen und bat got das er im zu erkennen gab waz er thun solt mit dem hochwürdigen heiltum da ward im kunt gethon dz er das fronheilig sacrament und anders heiltum solt lassen bey disem heiligen berg / wann got hat im von ewigkeit isen berg ausserwelt da zu wonen biß an den iüngsten tag. Sollichs wunderzeichen schreib graff Berchtolt gen rom mitsampt graff Otten von wolfferthausen dem sollichs auch beschach als vorgeschriben ist und legten das für dem heiligen vater und bapst Innocencio dem andern / Der selb bestät das fronheilig sacrament und

fol. 8ʳ

anders würdigs heiltum ewigklichen auff disen heiligen // berg und verbot bey dem pann und fluch ewiger verdamnüß das das heiltum niemant von dannen solt füren ia die stat und das ertreich solt verflucht sein daran man es füret / Auch gab er dartzu grossen aplas und gnad von dem und anderen geschriben stat an dem lesten capitel.

*¶ **Von dem heiltum daz Maria keiserin von kriechen gen andechs geschicket hat bey irem vater graff Otten von wolffarthausen. Item von der dornenkron unsers herren wie die wundertzeichelich gen andechs kömen sey. Item auch von dem heiltum das her geschicket hat die heilig frow sant Elßpet.***

G raff Otto von wolffarthausen nach dem und er sein tochter Maria vermehelt het dem keiser von kriechen da zoch er mit ir über mer in eigener person gen constantinopel und legt die dem keiser zu / Der selb keiser von constantinopel gab graff Otten von wolffarthausen groß heiltum das er alles her pracht gen andechs mit namen drey gancz leichnam von der gesellschafft sant Achatij der einer gewesen ist des küniges sun von anthiochia Eliadis genant / Der ander genantTEolius des küniges sun von armenia / Die drit genant Carcedius eins hertzogen sun von cappadocia die all verborgen ligent bey disem berg. Auch die benant keiserin von kriechen sant bey irem vater groß heiltum her gen andechs iren namen zu einer ewigen gedechtnüß und von wegen daz sy auff disem heiligen berg ertzogen was mit namen den anplick unser frouwen den Lucas der ewangelist und unser frouwen kanczler gemalt hat. Item ein groß teil der gürtel unser frouwen. Item ihres schleyers. Item irer kron. Item ihres rocks darin sy begraben ist worden. Item ein gancz stol sant iohans des ewangelisten die gemacht hat Maria die künigin der barmhertzigkeit und ist darein gewürckt mit alten latinischen buchstaben und // worten Dona iusticie sicte pater optime cinge ut digne panem benedicas misterialem. Item des tischtuchs unsers herren. Item des besens und der geisel damit unser herr geschlagen ward. Item von der seulen daran er gebunden ward. Item ein stuck des heiligen creuczes. Item von dem stein darein das heilig creutz gesteckt ward. Item von dem stein darauff Christuns von dem creutz tot gelegt ward / Das alles bracht mit im her der benant graff Otto / Darnach nach Christi unsers herren geburt da man zalt anno Domini MCLXXXX minner oder mer da herschet und regnieret an meron ein hertzog Perchtolt genant marckgraff Berchtotz sun von ystereich der het bey seiner frouwen Agneten drey töchter als vor geschriben ist Agneten künigin von franckenreich Gertraut künigin von ungern sant Elßpeten muter und Hadwig hertzogin in polen / Die benant Agnes was gar ein andechtige iungfrow die selbig waz etlich iar hie zu andechs e sy vermehelt ward und zu gelegt dem künig von franckeneich und under andern tugenden het sy an ir das sy teglich und andechtigklich betrachtet das leiden unsers herren. Es geschach zu einem mal das sy auß sollicher betrachtung und grosser andacht süssigklichen entschlieff in der capellen was ein groß martelbild das yecz ist zu forstenried bey münchen gelegen / Das selb martelbild ret mit der iungkfrouwen in dem schlaff und sporach zu ir / Wiltu von mir gnad erwerben so versprich mir das du mich krönen wellest mit

fol. 8ᵛ

dörnykron mit der Christus Jesus gekrönt ward / Die iungkfrow
antwort und sprach / Wie möchte ich das gethun wann die kron ist
nit in meiner gewalt / Daz bild sprach die kron und das gancz
künigreich von franckenreich würt under deinem henden sein ist
das du mir und got versprichest das du mich krönen wellest / Nach

fol. 9ʳ   *dem entwacht die andechtig iungkfrow // in dem selben iar ward*
sy vermehlt dem künig von franckenreich. Also da nun die anäch-
tig künigin das künigreich und die kron unter irem gewalt hett da
gedacht sy wie ir söllichs alles kunt war gethon durch dz marter-
bild und dancket got seiner gnaden und schicket her gen andechs
bey irem caplon einen grossen teil der dornenkron unsers herren
Jesu Christi und lies da mit krönen das marterbild das söllichs an
sy begeret hatt also ist der selben kron midel tail noch hie / Dar-
nach und vergiengen etlich iar da kam her auß andacht die heilig
frow sant Elßpet nach dem sy verwitibt waz und pracht mit ir
groß heiltum mit namen ein klains kreucz darin verschlossen ist
aller waffen ein teil damit Christus Jesus zu der zeit seines leidens
gemartert ward da mit sy pabst Gregorius der neund vermähelt
hat got den herren nach dem tod ihres manes. Item des kreucz
daran gemartert ward der heilig zwölffpot sant Peter. Item des
schleyers unser lieben frowen. Item ain meßgewant das ir preu-
trock gewesen ist darin ir muter ze ungarn zu einer künigin
gekrönt ward / Es ist auch ze mercken das die heilgi frow sant
Elßpet geboren ist von disem heiligen perg wann ir muter Ger-
traut ist gewesen ein tochter hertzog Perchtolds von ysterreich und
hertzolg Berchtolt von meron ein sun marckgraff Perchtolds von
ysterreich der gewesen ist ein sun graff Perchtoltz von andechs /
Die benant Gertraut ward gegeben dem künig von ungern genant
Andre / Sant Elßpeten vater gab die heilige sant Elßpeten dem
edlen fürsten und herren Ludwigen der gewesen ist ein lantgraff
in türingen lantgraff in hessen hertzog in sachsen und ein pfalcz-
graff. Item die heilig frow sant Elßpet verschied auß disem iomer-
tal nach Chriti geburt anno MCCXXXI / Darnach anno Domini
MCCXXXV ist sy erhaben und geschriben in das buch der heiligen

fol. 9ᵛ   *VII july // durch den benanten heiligen vater bapst Gregorium den*
neunden.

¶ Von dem lesten herren und graffen von andechs und von den heiligen zwey marterern Felice und Adaucto. Auch wie die burg andechs zerprochen ist worden / Auch wie daz hochwürdig fronheilig sacrament und anders wirdigs heiltum verborgen ist worden.

*H*ie ist ze mercken von dem lesten herren von andechs graff heinrich der hie wonhafft ist gewesen und geherschet hat zu dem zeiten da keiser Friederich der ander regiert hat nach Christi geburt anno MCCXX zu des zeiten ein gemeiner zug ist gewesen wider die unglaubigen und gewunnen ward das heilig lant / Der benant graff Heinrich ward geeret und begapt durch den heilgen vater und bapst von rom mit den heiligen zwey marterern Felice und Adaucto die man nennet in teutsch die geerten und gemerten die noch beid hie verborgen ligent bey disem heiligen berg / Der selb graff hat bestät zu lob und eren got dem almechtigen dem hochwürdigen fronheiligen sacrament und anderm würdigen heiltum das hie rastend ist / auch im und seinen vorvordern und nachkömen ze hilff alles das sein vorvordern gestifft geordent und geben habent zu der capellen andechs und hat das alles verbriefft und gesigelt mit anhangendem insigel des brieff noch vorhanden ist / Durch des benanten graffen fleissiger bet willen hat alles auch bestet verbrieflt und versigelt der würdig herr und vater Sifridus die selben zeit bischoff zu augspurg des brieff auch ncoh heut mitsampt anhangenden insigel vorhanden ist / Er beseczt auch die capellen mit zwey geistlichen brüdern von Seun auß salczburger bistum des ordens sant Bendicten die genant warent Ysaac und Jacobus die da solten // besehn die capellen und anfachen geist- fol. 10ʳ lichen orden nach innhalt der regel sant benedicten und nach mainung graff Pertolds von andechs und ander seiner vorvordern den selbigen prüdern gab er über alles dass er und sein vorvordern geben hettet zu der benannten capellen in und allen iren nachkumen. Daß alles ze niessen ein nemen und prauchen nach aller irer notturfft on ierung und zuspruch aller mäningklich. Nach dem allem und nun gegenwertig was die zeit da man zalt anno Domini MCCXXVIII da ließ der edel graff Heinrich die purg anndechs zerbrechen und nyderlegen piß in den grunt darum das sich der *purg nach seinem tod nyemant unterfieng wan die herren von Scheyrn hettent die purg geren in iren gewalt gepracht da dannocht der obgenant graff in leben waß auch der graff verschreib die vogty und gab die über dem edelen ritter und hofmeister der herren von andechs der genannt waz her Hartmann von Hornstein im und allen seinen nachkomen dz er und al sein nachkummen in hut und in schrim soltent halten die capellen und alles dz er und sin vorvordern herren von andechs darzu geordnet und gebn hetten / Desselben iars starb der edel offt genant graff Heinrich von andechs darnach in dem nächsten iar wart baierlant gar wüstlichg beraupt und ausgeprent von kriegs wegen / Nun besorgten vernünfftiglich die vorbenaten prüder und verweser der Capellen andechs daß nicht vielleicht das hochwirdig fronsacrament mitsampt anderem wirdigen heiligtum gestolen oder geraupt würd und auß besunder fürsichtigkait gussen sie ain pleys scheibligs vässel und oben darauff diese wort / Agne dei miserere mei qui crimina tollis / Und schreiben darzuj zwen zedel und daran dise wort / Sacramentum gregory Sacramentum leonis / Die zwen ze-*

fol. 10ᵛ

del legten sie in dass vässel und darein die drey // wunderzeichenlichen hostien und versogtent die mit grossem fleiß. Darnach das vässel mit dem sacrament und alles anders wirdigs heiligtum legten sy sant Elspeten rock von der vorgeschriben stat und legten auch darzu all brieff die vorhanden waren und gruben alles in der capellen tieff unter den altar in ein hülczin truchen. Das geschach anno Domini MCCXXIX. Also bleib das heiltum verborgen CLIX iar.

Seid dem malen wir vorgeschriben haben von dem anfang und ursprung der purg Andechs die vorzeiten auff disem heilgn perg gewesen ist auch von dem edelen stam und stant der bhochgeborenen füsten und herren die darauff gewont habent besunder auch von dem hochwürdigen fronsacrament in drivaltiger gestalt und von anderm würdigen heiltum dartzu sy groß lieb und andacht gehapt habent wie und wenn das her gen andechs kommen sey. Auch wie es lang zheit verborgen ist gewesen / Von dem und anderm wir kürczlich geschriben haben nach dem und wir sollichs in gar alter geschrifft die von unseren vorvordern an uns gelangt

hat funden haben die sollichs alles als vorgemelt ist in meß-
büchern und an tafeln geschriben und auffgehengkt haben / Nun
hie nach wellen wir kürczlich in geschrifft vermercken wie und
wenn das wirdig heiltum sey funden worden / Auch wie das hochwürdig sacrament sey bestet worden durch den römisdhen stul das
daran niemant zweyvel sunder das anbeten als den zarten fronleichnam unsers herren Jesu Christi. Auch von der stifft des ge-
genwertigen gotzhauß und anderm nach inhaltung der Rubriken
und übergeschrifft eines yeglichen nachgeschriben capitels von den
allen wir schreiben als von den dingen die wir und unser mitelter
gedencken und die wir gehört und gesehen // haben / Und zu dem
ersten wenn und wie das fronheilig sacrament und anders würdigs heiltum an dem iungsten sey gefunden worden.

fol. 11ʳ

Nach der geburt unsers herren Jesu Christi da man zalt anno
MCCCLXXXVIII zu den zeiten der hochgebornen fürsten und
herren des edelen hauß von beyern herczog Stephans Friderichs
und Johansen geprüder pfalczgraffen bey dem rein am erchtag
nach dem achten der pfingstfeier der in dem benanten iar gewesen
istg der nächst nach sant Urbans tag an dem selben tag mit manigem wunderzeichen die voran giengen ist das fronheilig sacrament in dreyen wuderzeichelichen hostien mit den zedeln in einem
pleyn veßlin darein es verschlossen ward unverruckt und unver-
maligt mit anderem gotlichem würdigen heiltum in sant Elspten
rock funden worden hie zu andechs in der capellen under dem
altar darunder es verborgen ist gelegen CLIX iar als wir under-
weist seind worden duch alt warhafft tagt leut und nicht durch ein
allein die sollichs gedenken / So ist es zu einem mal geschehen auß
götlicher schickung on zweivel das ein mauß auß dem altar darunder der groß schacz verborgen lag herauß gelauffen ist mit
einem zedel daran vermerckt was eins oder mer heiligen nam der
heiltum da lag als dann gewönlich ist dz man das heiltum mit
geschriben zedeln vermerckt und die daran bindet des ward bald
ansichtig der caplon herr Jacob genant der dieweil auf dem altar
meß hielt und mercket auch daz die mauß wider under den altar
hinein lieff / Nun was dem benanten caplon und verweser dieser
capellen durch alt geschrifft wol wisselich das vil und groß heil-

tum bey disem heiligen berg vergraben was er west aber nit an
welcher stat / Also gedacht er wie villeicht der groß schatz under
dem altar verborgen lag // darunter die mauß gelauffen was und
tut sollichs kunt den benanten fürsten die fügten sich bald her gen
andechs und liessen graben under dem altar. In sollicher weis
ward gefunden an iar und tag als vorgemelt ist das würdig heiltum das in derselben zeit so vil und sollich mannigfaltige wun-
derwerck und zeichen gethon hat und noch heute tut das es vil
besser ist die mit schweigen für geen und bedencken dann minder
oder anders schrieben dann zimlich und gleuplich wär.

**9   Wie daz fronheilig sacrament und anders würdigs heil-
tum an keiner stat hat wellen beleiben dann allein auff disem
heiligen berg Andechs. Auch wie sich das nit teilen hat lassen
wellen.**

*E*s ist geschehen des iars und gefunden ward das wirdig heiltum das ein apt von Ebersperg sant Benedicten orden das
heiligtum solt von dannen gefrt haben dem es auch erlaupt ward
durch den vorgemelten hochgebornen fürsten herczog Stephan /
Nun da er das fronheilig wunderzeichelich sacrament wolt zu im
nehmen do mocht er des nit gesehen noch finden und stund doch
vor im auff dem altar / Also fürt er mit im gen Ebersperg das
wirdig heiltum und das sacrament beleib hie zu andechs / Da nun
der durchleutig benant fürst sollichs erinnert ward da mußt der
egenant apt das würdig heiltum wieder her antwurten und also
des nechsten iars nach dem es gefunden ward da ward das hochwürdig sacrament mitsampt anderm würdigen heiltum um sant
Niclaus tag mit grosser unseglicher herlicheit gen münchen gefürt
und gesetzt erwürdigklich in die capellen der hochgebornen fürsten des allzeit edel haus von beyern darin es etlich iar mit grossen
wunderlichen und mannigen zeichen erschinen und gezeugt ist
worden in der weil und zeit man hie zu // andechs paut ein loblich
kirchen in den eren des heiligen sant Niclas und zu .lob und ere got
und dem würdigen heiltum darnach und nun die kirchen hie
völligklich gepaut und volbracht was und die fürsten verzugen das
würdig heiltum wider her gen andechs ze antwurten da erschinen

sollich erschrökeliche zeichen in und ober der stat zu münchen also
das sy den hochwürdigen schatz mit grosser pomp und erwürdig-
keit wider her gen andechs musten füren und antwurten / Auch
darnach und das heiltum am iüngsten her gefürt ward als yetz
gemelt ist da het der durchleuchtig fürst auch vorgemelt herzog
Friderich auß besunder andacht mit wissen und willen seiner
prüder einen dorn von der dornykron unsern herren gen lantshut
in die burg geürt / In der selben nacht geschach in der selben burg
ein groß erdbidem also das herzog Friderich des morgens kam er-
beitet das der den dorn wider her auff den perg mitsajpt geschri-
ben brieffen darin er seinen brüdern und der stat zu münchen
schreib wie im sollichs geschehen wer / Von sollichs wunders
wegen ist der selbig dorn sünderlich gevas in ein barillens creutz /
Auß den vorgeschriben stucken mag man wol erkennen wie das
würdig heiltum an keiner stat beleiben nach sein will dann allein
hie auff disem heiligen berg / Auch das es sich nit teilen hat wellen
lassen das ist also versucht worden / Säliger gedächtnüß herzog
Ernst des benanten herzog Iohansen sun hat zu einen mal in ge-
genwertigkeit vil treffelicher person teilen wellen sant Maria
Magdalena gürtel und hat sollichs versucht mit mannigerley mes-
ser und waffen und hat die nit teilen mügen sollichs habent an
offener kanczel hie vor allem volk bekannt die geistlichen herren
und prediger nit einer nach einist die darbey gewesen sind und da
gesehen haben / Sollichs haben auch versucht ander //_ person und fol. 12ᵛ
an anderen stucken des wirdigen heiltumbs und auch nit haben
tailen noch davon schneiden mügen des wir ain gantz gewishait
haben das wir von kürcz wegen hie übergen.

¶ Wie säliger gedächtnüß herczog Ernst hie zu andechs
gestifft hat ein collegi mit einem probst und sechs korhern
laipriestern und wieder durchleuchtig fürst hertzog Albrecht
sein einiger sun die benante probstey verkert und da hie
gestifft hat ein münchkloster des ordens sant Benedicten.
Auch wie das wunderlich sacrament hie rastent bestät wor-
den durch den heiligen römischen stul und von andern dingen
die wir nit alle nennen.

*D*arnach und vergiengen etliche iar und nun gegenwertig was die zeit da man zalt nach Christi unsers herren gepurt anno MCCCCXXXVIII hat seliger gedächtnüß der hochgeporn vorgemelt fürst und herr hertzog Ernst hertzog in peyern und pfalczgraff bey rein zu lob und ere got dem almechtigen der himel künigin und iungkfrouwen Marie und allem himelischen her zu hilff und trost im und allen seinen vorvordern und nachkomen mit eynmütigkeit wissen und willen seines leipplichen bruders herczog Wilhalms und seines edlen gemahels frow Elizabet von meylant auch mit wissen willen und gunst und besundern gefallen seines einigens suns fürsten und herren hertzog Albrecht ordelichen mit rechter vernunfft nach rat und underweisung vil geistlicher weiser personen und auch seiner geschworner rät zu einer langkweiliger ewiger gedechtnüß geordenet und gestifft durch gunst willen und erlauben des heiligen concily das in dem namen des heiligen geists anstat der ganczen cristenheit die selben zeit in der stat basel eelichen gesamelt was ein stifft ein collegi eins // propstes und sechs korhern laipriester gergen anndechs zu dieser gegewertigen kirchen und gab und ordnet darzu damit die benanten siben herren ein völligs außkumen hetten nach dem und sollichs alles klärlich außweist derstifftbrief mit des benannten fürsten aigem ahnhangendem insigel versigelt den er darzu gab in den vogeschriben iar an sant Johanns tag tz sunnwenden. Sollichs auch alles in sunderhait hat bestät der hochwirdig vater und her bischoff von augspurg in des bistum das gegenwertig gotzhaus ligend ist. Darnach in der zeit der genaden nach Christi Jesu unsers herren gepurt da man zalt anno MCCCCLI da obern beyern in allem frid und ru regierte der hochgeporn vorgenant fürst und herre hertzog Albrecht ist es geschen auß gottes ordnung das des heiligen Römischen stuls in teutschen landen legat der erwirdigest in got vater und herr herr Niclaus des titels sant Peters ad vincula priester cardinal und bischoff zu prixen dem in göttlichen und menschlichen rechten niemant zu seinen zeiten vorderer was in der vasten gen münchen kam daselbs er von dem benanten edeln fürsten mitsampt der gantzen stat mit grosser erwirdigkeit empfangen ward. Da nun nach etlichen tagen hertzog Albrecht des benanten legaten geheim

fol. 13ʳ

und kuntschafft gewan und von manigen sachen lieplich mitei-
nander wurden kosen da öffnet er sein hertz und ward dem lega-
ten nun sagen von disem heiligen perg und von dem fronheiligen
sacrament und anderm wirdigen heiltum wie durch wen von wann
es zu disem perg gepracht und wie lang verporgen und wenn es ge-
funden war worden auch sein groß begir und andacht die er darzu
het. Er legt im auch für sein andächtigs fürnemen wie er vermeint
die propstei die sein vater seliger gedechtnüß hertzog Ernst her
gen andechs neulich gestifft het // verkeren und da hie stifften wolt   fol. 13ᵛ
ein münchkloster des odens sant benedicten und begeret darin sei-
nes radts und underweisung und auch hilff an den heiligen vater
bapst nicolaulm den fünfftem nitdeswiellenunderlauben er söl-
lichs fürnemen volpringen möcht. Also von wegen merer erkant-
nuß der warhait heim suchet der benant legat in eigner person mit-
samt dem fürsten disen heilgen berg und beschauwet mit allem
fleiß das wirdigheiltum besundr das froneheilig sacrament in den
wunderzeichenlichen freien hostien auch das pleine vässel darin
sie am anfang verprogen und gefunden seind worden mitsamt der
geschrifft darin gelegen. Nach dem hub an der gut ndächtig bi-
schoff und legat des fürsten der von verren stund und seiner ant-
wurt und urteil mit grosser begir wartet ze loben und preisen sei-
nenguten willen und füsatz und ermant in mit fleiß zu volbringen
das er im het fürgenomen. Sich verwilligt auch der hochwirdig
legat durch bet willen des fürsten sein begir und andacfht trewlich
zu fürdern vor dem heilgen fömischen stul als er das auch in kürtz
darnach vollbracht wan er in aigner persone mitsamt des fürsten
erwirdigen ambasiat und borschafft gab er zu erkennen dem heil-
gen vater bapst Nicolao dem fünfften seinandächtige begir und
fürnemen. Er bracht auch fürt sein heilikeit das pleyen vässel mit-
samt vast alter geschrifft darin gelegen und gefunden war das
bochwirdig sacrament in dreien hostien. Nach söllichen anpringen
und erkantnuß der warheit verleich und bestätt der heilib vater
auß bästlichem gewalt alles das der andächtig fürst begeret. Näm-
lich erlaußt im der heilg vater das er nach seinem fürnemen und
andächtigem begern die benante probstey ausleschen und abtilgen
und dahie zu andechs ain münchkloster sant ,Benedicten orden

fol. 14ʳ *auff // erheben buwen und stifften möcht doch mit gunst und willen des propstes und der korhern die er mit andern gotz gaben und benefityis fürsehen solt als er auch tet nach innhalttung einer bull die erim dartzu gab anno Domini MCCCCLIII idus aprilis. Als bald und die bull von rom herauß kam da hub an der edel fürst ze puwen mit grossem ernst daran im der heilig vater zu hilff und ze stewu gab drew tausent guldin. Auch bestät der heilig vater daz hochwirdig fronheilige sacrament das in drew wunderzeichenlichen hostien hie rastend ist also das fürbaß daran niemant zweifeln sundern das anbeten sol als den zarten fronleichnam unsers herren Jesu Christi als er täglich gehandelt und gewandelt würt durch priesterliche wirdigkeit in dem ampt der heiligen meß als dz klärlich außweisen ist ein ander bull die auch geben ward durch bapst Nicolaus den fünfften anno Domini MCCCCLIII idus aprilis. Er begapt auch diese heilige stat und das wirdige (Druckfehler: widrige) heiltum mit besundern genaden und aplaß mit bestettung alles aplaß seiner vorvordern als das die benanten zwo bäpstliche bull hie bey dem heiltum beschlossen clärlichen außweisen. Darnach und nun dz schlaffhauß sichhauß kuchen und etlich ander gemäch gancz volpracht wurden und gepawt durch des egemelten edeln fürsten fleissigen bet willen ist die gegenwertig stifft und münchkloster durch den erwürdgen herren und vater Wilhalm apt des würdigen gotzhauß Benedictenbeyern dem es als einem richter und volfürer dieser sach durch den heiligin vater bapst Nicolaum den fünfften mit vollem bäpstlichen gewalt bevolhen was confirmiert und bestät worden und die bropstey außgelescht und abgetilgt nach inhaltung bepstlicher bull mit willen und wissen aller mänigklichen die söllich sach berüren oder in künfftig*

fol. 14ᵛ *zeit melden möchten. Darnbey seind gewesen // der edel fürst und herr stifter des wirdigen gotzhauß und vier äpt der von tegernsee von ebersperg der von scheiern der von wessesprunn sant Benedicten orden und drey pröpst der von raittenpuch der von tiessen der von pollingen sant Augustinus orden und vil ander geistlich und weltlich treffenlich person die wir von kürtz übergeen daz ist geschehen in dem refent anno Domini MCCCCLVXII (!?) die mensis marcii. In dem selben yetzgenanten iar an sant Jörgen tag*

durch des fürsten fleissigs anligends personlichs bedt willen seind
zu dem ersten her komen von tegernsee siben münch an stat der
siben korherren hie zu andechs anzefahen geistliche ordnung nach
inhaltung der regel sant Benedicten darnach zu merer bestätung
und ewiger gedächtnüß zu lob und ere got dem almechtigen der
hochgelopten künigin und reinen iungfrauwen Marie allem him-
lischen her und dem heilgen haptherren sant Niclaus hat der edel
fürst Alprecht im und aller seiner vorvordern und nachkomen sel
zu hilff und trost mit willen und wissen seines edelsten gemahels
frauwen Anna von prawnsweig und hertzog Johannsen seins erst-
geporen lieben suns und ander sein er ieben sün und töchter nach
rat seiner geschworner geistlicher und weltlicher rät un geschrifft
bestätigt zu dieser stifft alles dz sälige gedächtnß hertzog Ernst zu
der propstey geordnet het mitsampt vil andern gütern und grosser
freiheit die er in sunderheit dartzu geben hat als clärlich begriffen
ist in dem stifftbrieff den er um sicherheit und war vrkut mit sei-
nem aigen anhangenden insigel versigelten darzu geben hat anno
Domini MCCCCLVIII. Auch in dem yetzgenanten iar an suntag
vor sant Jacobs tag ist geweicht und geordnet worden der erwir-
dig herr und vater herr eberhart erster apt dieser stifft und mit im
bestät etliche // prüder von tegersee. Darnach an sant Jacobs tag fol. 15ʳ
ist die kirch reconciliert und versönet mitsampt der altärn darin
und der creuczgang und die capellen darin von new geweicht
worden auch hat der edel oftgemelt fürst und herr hertzog Albrecht
das wirdig heiltum getzieret und gevast in silber als man das
merckt an vil stucken und auch wider pracht waz von hinnen heil-
tum enpfrempt ist gewesen. Der gieng ab mit tod anno Domini
MCCCCLX die ultima mensis februarii und ließ nach im Johann-
sen und Sigmunden Albrechten Cristoffen und Wolffgangen sein
lieb sün all fürsten und herren von beyren und drey edel töchter
und ist hie begraben in der kirchen in einem erhepten under der er-
den gewelpten grab. Got sey im genädig. Amen.

¶ Von dem alben aplaß der zu disem heiligen perg geben
worden ist.

Graff Otto von wolffartzhausen hat grossen aplaß erworben von bapst Innocencio dem andern zu disem perg den bezeugt und bestät Sifridus bischoff von augspurg in einem gar alten brieff der noch mitsampt dem insigel vorhanden ist. Der selb aplaß ist nach außweisung der copy und abgeschrifft der selben bull in ainem vorgemelnten gar alten meßbuch begriffen wann andere urkundt hat man nicht der vierde teil aller sünde von mittemtag des auffertags bis zu mittag des nächsten freitags hin nach und ander grosser und vil aplaß auch von andern bäpsten nach außweisung alter geschrifft den wir von kürcz wegen übergeen.

8 REGISTER

S. 29

S 55 ?